Patrick Rosenthal

VEGAN FÜR TEENIES DAS KOCHBUCH

Einfach, schnell und superlecker

riva

Bibliografische Information der Deutschen Nationalbibliothek
Die Deutsche Nationalbibliothek verzeichnet diese Publikation in der Deutschen Nationalbibliografie. Detaillierte bibliografische Daten sind im Internet über http://dnb.de abrufbar.

Für Fragen und Anregungen
info@m-vg.de

Wichtiger Hinweis
Dieses Buch ist für Lernzwecke gedacht. Es stellt keinen Ersatz für eine individuelle medizinische Beratung dar und sollte auch nicht als solcher benutzt werden. Wenn Sie medizinischen Rat einholen wollen, konsultieren Sie bitte einen qualifizierten Arzt. Der Verlag und der Autor haften für keine nachteiligen Auswirkungen, die in einem direkten oder indirekten Zusammenhang mit den Informationen stehen, die in diesem Buch enthalten sind.

Originalausgabe
1. Auflage 2023

Türkenstraße 89
80799 München
Tel.: 089 651285-0
Fax: 089 652096

Redaktion: Caroline Kazianka
Umschlaggestaltung: Maria Verdorfer
Umschlagabbildung: Patrick Rosenthal
Layout: Satzwerk Huber
Illustrationen: shutterstock.com/nataka, Roi and Roi, svtdesign, Nadezda Barkova, Auza Design, KislinkaArt
Satz: Bernadett Linseisen (schere.style.papier), München
Druck: Florjancic Tisk d.o.o., Slowenien
Printed in the EU

ISBN Print 978-3-7423-2493-1
ISBN E-Book (PDF) 978-3-7453-2266-8
ISBN E-Book (EPUB, Mobi) 978-3-7453-2267-5

Wir produzieren nachhaltig
www.m-vg.de

Weitere Informationen zum Verlag findest du unter
www.rivaverlag.de
Beachte auch unsere weiteren Verlage unter www.m-vg.de

Inhalt

Vorwort

Liebe*r Leser*in,

ich freue mich sehr, dir mein neues Koch- und Backbuch *Vegan für Teenies* vorstellen zu dürfen. In diesem Buch möchte ich dich auf eine kulinarische Reise mitnehmen und zeigen, wie bunt, lecker und abwechslungsreich veganes Essen sein kann.

Teenager stehen vor vielen Herausforderungen, sei es in der Schule, im Freundeskreis oder bei der Suche nach der eigenen Identität. Eine bewusste Ernährung ist ein wichtiger Teil davon. Immer mehr von uns interessieren sich für die vegane Lebensweise und möchten einen Beitrag zum Tier- und Umweltschutz und für die eigene Gesundheit leisten. Ich bin davon überzeugt, dass es nie zu früh ist, sich mit einer solchen Ernährung auseinanderzusetzen.

Um ganz offen und ehrlich zu sein: Ich möchte niemandem eine bestimmte Ernährungsweise aufdrängen. Es gibt viele unterschiedliche Ansätze, und jeder Mensch hat das Recht, seine Entscheidung zu treffen, welche ihm aus welchen Gründen auch immer am meisten entspricht. Ich sehe dieses Buch daher nicht als Anleitung, um dich dazu zu bringen, dich ausschließlich vegan zu ernähren. Stattdessen betrachte ich es eher als Inspirationsquelle, um vielleicht ab und an etwas Veganes auszuprobieren und sich so langsam in die Welt der veganen Ernährung vorzutasten.

Für mich persönlich steht immer der Geschmack im Vordergrund. Wenn etwas gut schmeckt, egal, ob vegan oder nicht, dann bin ich definitiv interessiert. Das Buch bietet deshalb eine Vielfalt an leckeren veganen Gerichten, die man unbedingt ausprobieren kann, unabhängig davon, ob man sich komplett vegan ernährt oder nicht. Es geht einfach darum, den Horizont zu erweitern, neue Geschmackserlebnisse zu entdecken und sich von der Kreativität der veganen Küche inspirieren zu lassen.

Ich glaube nicht daran, dass eine vegane Ernährung per se gesünder ist. Gesundheit hängt von vielen Faktoren ab, und es gibt einige Wege, um sich ausgewogen zu ernähren. Wichtig dabei ist, auf seinen eigenen Körper zu hören und herauszufinden, was einem guttut. Wenn das bedeutet, gelegentlich vegane Gerichte zu genießen, dann ist das völlig in Ordnung.

Lass dich nicht von dogmatischen Ansichten beeinflussen. Entscheidend ist, dass du dich wohlfühlst und die Ernährung zu dir passt. Probier neue Rezepte aus, experimentiere ein wenig und finde heraus, was dir schmeckt und Freude bereitet. Das Buch *Vegan für Teenies* kann dabei eine wunderbare Quelle der Anregung sein, um neue Geschmackswelten zu erkunden und sich kulinarisch zu bereichern.

Genieß das Essen und entdecke, wie vielfältig die Küche sein kann – unabhängig von irgendwelchen Ernährungsentscheidungen!

Ich habe hier eine Sammlung meiner Lieblingsrezepte zusammengestellt. Von herzhaften Burgern über bunte Bowls bis zu verführerischen Desserts – eine Fülle an kreativen und köstlichen Gerichten wartet auf dich.

Ich möchte dich inspirieren und ermutigen, deine eigene kulinarische Reise zu starten. Dabei kannst du lernen, ohne tierische Produkte zu kochen und zu backen und dennoch nicht auf Geschmack oder Vielfalt zu verzichten. Dazu gebe ich dir Tipps und Tricks an die Hand, um deine Ernährung ausgewogen zu gestalten und alle notwendigen Nährstoffe zu erhalten.

Lass dich von den bunten Fotos und den einfachen Anleitungen in diesem Buch verführen und entdecke die Freude am Experimentieren in der Küche. Sammel neue Erfahrungen, teile deine Kreationen mit Freunden und Familie und erlebe, wie positiv sich veganer Genuss auf dein Wohlbefinden auswirken kann.

Vielen Dank, dass du dich für *Vegan für Teenies* entschieden habt. Lass uns nun gemeinsam eine Welt erkunden, in der pflanzliches Essen einfach Spaß macht!

Dein Patrick

PS: Besuche mich gerne auf Instagram unter patrick_rosenthal und markiere mich, wenn du etwas aus dem Buch nachgekocht oder nachgebacken hast.

Vegan und nun?

Vegane Ernährung ist ein Ernährungsstil, bei dem man keine tierischen Produkte zu sich nimmt. Das bedeutet, dass man auf Fleisch, Fisch, Eier, Milch, Käse und andere Lebensmittel verzichtet, die von Tieren stammen. Stattdessen basiert die Ernährung auf pflanzlichen Lebensmitteln wie Obst, Gemüse, Hülsenfrüchten, Nüssen, Samen und Getreide. Es gibt viele Gründe, warum sich manche Menschen für eine vegane Ernährung entscheiden. Zum einen kann der Schutz der Umwelt ein Antrieb sein, da die Tierhaltung mit hohen Treibhausgasemissionen und Waldrodungen verbunden ist. Vegan zu essen kann also helfen, den Klimawandel zu bekämpfen. Ein weiterer Grund ist der Tierschutz. Durch vegane Ernährung vermeidet man, dass Tiere für Nahrungszwecke gezüchtet, ausgebeutet und getötet werden. Viele Menschen fühlen sich ethisch besser, wenn sie wissen, dass sie kein Tierleid unterstützen.

Gesundheitliche Gründe spielen ebenfalls eine Rolle. Eine ausgewogene vegane Ernährung kann reich an Ballaststoffen, Vitaminen, Mineralstoffen und Antioxidantien sein, die für unsere Gesundheit wichtig sind. Gleichzeitig kann sie das Risiko für bestimmte Krankheiten wie Herzkrankheiten, hoher Blutdruck und einige Krebsarten verringern. Als Teenager ist es wichtig, sich bewusst und ausgewogen zu ernähren, unabhängig davon, ob man vegan oder nicht vegan isst. Es ist entscheidend, alle notwendigen Nährstoffe zu bekommen. Bei einer veganen Ernährung sollte man daher besonders auf die ausreichende Zufuhr von Protein, Eisen, Kalzium, Vitamin B12 und Omega-3-Fettsäuren achten. Diese Nährstoffe sind in pflanzlichen Lebensmitteln wie Bohnen, Linsen, Tofu, Spinat, Brokkoli, Haferflocken, Mandeln und Leinsamen enthalten. Vor allem ist essenziell, sich mit der veganen Ernährung wohl und gesund zu fühlen. Jeder hat seine eigenen Bedürfnisse und Vorlieben, und es ist daher auch in Ordnung, seinen eigenen Ernährungsstil zu wählen. Wer sich für eine vegane Ernährung entscheidet, sollte gut informiert sein und sicherstellen, dass er alle Nährstoffe bekommt, die der Körper braucht. Ihr solltet auch offen mit Familie, Freund*innen und Lehrer*innen über die Ernährungsentscheidung sprechen, um Unterstützung und Verständnis dafür zu erhalten.

Vegane Ernährung ist nicht unbedingt für jeden geeignet. Manche Menschen haben bestimmte gesundheitliche Bedingungen oder Nährstoffbedürfnisse, die eine vegane Ernährung schwierig machen können. In solchen Fällen ist es ratsam, sich mit einer Ärztin/einem Arzt oder Ernährungsberater*in abzusprechen, um sicherzustellen, keine Fehler zu machen.

Nährstoffe

Wenn man sich vegan ernährt, gibt es einige Nährstoffe und Vitamine, auf die man besonders achten sollte, um mögliche Defizite zu vermeiden. Hier sind einige dieser Nährstoffe und mögliche Vorbeugemaßnahmen:

Protein: Veganer*innen sollten sicherstellen, dass sie ausreichend Protein erhalten, da tierische Produkte als gute Proteinquelle wegfallen. Pflanzliche Proteinquellen sind zum Beispiel Hülsenfrüchte, Tofu, Tempeh, Seitan, Quinoa, Nüsse und Samen. Eine abwechslungsreiche Auswahl an pflanzlichen Proteinquellen hilft, den Proteinbedarf zu decken.

Eisen: Pflanzliches Eisen (Eisen aus pflanzlichen Quellen) wird vom Körper nicht so gut aufgenommen wie Eisen aus tierischen Produkten. Um dennoch ausreichend Eisen zu bekommen, sind besonders eisenreiche pflanzliche Lebensmittel wie grünes Blattgemüse, Hülsenfrüchte, Nüsse, Samen und Vollkornprodukte eine gute Wahl. Die gleichzeitige Einnahme von Vitamin C (etwa durch den Verzehr von Zitrusfrüchten, Paprika oder Brokkoli) kann die Eisenaufnahme verbessern.

Kalzium: Milchprodukte sind eine wichtige Kalziumquelle, daher ist es für Veganer*innen wichtig, alternative Quellen zu finden. Kalziumreiche pflanzliche Lebensmittel sind zum Beispiel grünes Blattgemüse (wie Grünkohl und Brokkoli), Tofu, angereicherte pflanzliche Milchersatzprodukte und Mandeln. Falls notwendig, kann auch die Einnahme von kalziumreichen Nahrungsergänzungsmitteln in Erwägung gezogen werden.

Vitamin B12: Vitamin B12 kommt natürlicherweise nur in tierischen Produkten vor. Veganer*innen sollten daher durch angereicherte Lebensmittel (wie bestimmte Sojaprodukte oder pflanzliche Milchalternativen), angereicherte Frühstückscerealien oder Nahrungsergänzungsmittel ausreichend Vitamin B12 zu sich nehmen. Eine regelmäßige Überprüfung des Vitamin-B12-Status durch Bluttests kann sinnvoll sein.

Omega-3-Fettsäuren: Omega-3-Fettsäuren, insbesondere EPA und DHA, sind hauptsächlich in Fischöl enthalten. Veganer *innen beziehen Omega-3-Fettsäuren aus pflanzlichen Quellen wie Leinsamen, Chiasamen, Hanfsamen und Walnüssen. Es gibt auch Algenöl-Präparate mit EPA und DHA, die von Veganer*innen eingenommen werden können.

Eine ausgewogene vegane Ernährung, die reich an Obst, Gemüse, Hülsenfrüchten, Vollkornprodukten, Nüssen und Samen ist, kann helfen, viele wichtige Nährstoffe zu liefern.

Frühstück

Pinker Erdbeer-Smoothie

Zutaten für 2 Portionen

1 Banane
1 Orange
240 ml Mandeldrink
(siehe Seite 13)
5 Erdbeeren
120 g TK-Mangostücke

1. Banane und Orange schälen und in Stücke schneiden.
2. Alle Zutaten in einen Mixer geben und pürieren.

Schon gewusst?

Mandeldrink ist eine pflanzliche Milchalternative, die aus Mandeln hergestellt wird und ganz einfach selbst zuzubereiten ist.

Schritt 1: Einweichen der Mandeln
Eine Tasse Mandeln in eine Schüssel legen und so viel Wasser darübergießen, dass die Mandeln vollständig damit bedeckt sind. Mandeln über Nacht oder mindestens 8 Stunden einweichen lassen. Das Einweichen macht die Mandeln weicher und erleichtert die spätere Verarbeitung.

Schritt 2: Abgießen und Abspülen
Nach dem Einweichen Mandeln in ein Sieb abgießen und gründlich abspülen, um eventuelle Rückstände zu entfernen.

Schritt 3: Wasser zugeben
Die Mandeln in einen leistungsstarken Mixer füllen und 2–3 Tassen frisches Wasser hinzufügen. Je nachdem, wie cremig oder dünnflüssig der Mandeldrink sein soll.

Schritt 4: Mixen und Filtern
Mandeln und Wasser etwa 1–2 Minuten mixen, bis eine cremige Flüssigkeit entsteht. Anschließend ein feines Sieb oder einen Nussmilchbeutel über einer Schüssel oder einem Krug platzieren. Die Mandelmasse vorsichtig durch das Sieb oder den Beutel gießen, evtl. Sieb oder Beutel leicht pressen, um die Flüssigkeit komplett herauszudrücken.

Schritt 5: Aufbewahrung und Verfeinerung
Gefilterten Mandeldrink in einen verschließbaren Behälter füllen und im Kühlschrank aufbewahren. Vor dem Verzehr nach Belieben noch durch 1 Prise Salz, etwas Vanilleextrakt oder ein natürliches Süßungsmittel wie Ahornsirup oder Agavendicksaft Aroma hinzufügen.

Cookie-Dough-Overnight-Oats

Zutaten für 2 Portionen

150 g Haferflocken
3 EL gehackte Mandeln
3 EL Kakaonibs
3 EL Mandelmus
3 EL Ahornsirup
1 TL Vanilleextrakt
500 ml Mandeldrink
(siehe Seite 13)

1. Haferflocken, gehackte Mandeln und Kakaonibs in einer Schüssel vermengen.
2. Die restlichen Zutaten zugeben und vermischen.
3. Masse auf 2 Gläser aufteilen und abgedeckt über Nacht im Kühlschrank lagern.

Erdnussbutter-Smoothie-Bowl

Zutaten für 2 Portionen

Für die Bowl
2 Bananen
4 EL Kakaopulver
4 EL Agavendicksaft
200 g veganer Joghurt
50 g Walnusskerne

Für das Topping
2 EL Erdnussbutter
1 Banane
2 EL vegane Schokoladenstückchen
2 EL Müsli

1. Für die Bowl die Bananen schälen und in Stücke schneiden. Mit den restlichen Zutaten in einen Mixer geben und dickflüssig pürieren. Masse in 2 Schüsseln geben.
2. Für das Topping die Erdnussbutter in einer Schüssel etwas cremig rühren.
3. Banane schälen und in Scheiben schneiden. Mit den anderen Topping-Zutaten auf den Bowls verteilen.

Tofu-Sandwich

Zutaten für 4 Portionen

1500 g Tofu
50 ml Ahornsirup
2 EL Sojasoße
Pfeffer
500 g Kirschtomaten
1 Zweig Rosmarin
8 Scheiben veganes Sauerteigbrot
etwas Kresse oder Sprossen, optional

1. Tofu in dünne Scheiben schneiden.
2. Ahornsirup, Sojasoße und etwas Pfeffer in einer Schüssel verrühren. Tofuscheiben zugeben und gut mit der Marinade vermengen. Abgedeckt im Kühlschrank mindestens 2 Stunden kalt stellen.
3. Backofen auf 200 °C Ober-/Unterhitze vorheizen und ein Backblech mit Backpapier auslegen.
4. Tofuscheiben auf eine Seite des Backblechs legen.
5. Die Tomaten waschen, halbieren und auf die andere Seite des Backblechs verteilen. Rosmarinzweig waschen, trocken schütteln und auf die Tomaten legen. Blech in den Ofen schieben und Tofu und Tomaten 30 Minuten schmoren.
6. In der Zwischenzeit das Sauerteigbrot im Toaster rösten, dann Brote mit Tofuscheiben und Tomaten belegen.
7. Optional mit Kresse oder Sprossen belegen.

Zucchini-Erbsen-Pfannkuchen

Zutaten für 4 Portionen

2 Frühlingszwiebeln
1 Zucchini
2 Stiele frische Petersilie
300 g Kichererbsenmehl
600 ml Wasser
100 g TK-Erbsen
60 g geriebener veganer Käse
Salz, Pfeffer
3 EL Speiseöl

1. Frühlingszwiebeln putzen, waschen und fein hacken. Zucchini putzen, waschen und reiben. Petersilie waschen, trocken schütteln und hacken.
2. Kichererbsenmehl und Wasser in einer Schüssel vermischen und 10 Minuten ruhen lassen.
3. Erbsen in einem Topf mit kochendem Wasser 3 Minuten köcheln lassen, dann durch ein Sieb abgießen.
4. Erbsen, Frühlingszwiebeln, Zucchini und Petersilie mit der Mehlmischung vermengen. Käse unterheben und mit Salz und Pfeffer würzen.
5. Öl portionsweise in einer Pfanne erhitzen und jeweils 2 EL Teig hineingeben und von beiden Seiten je 2 Minuten backen. Vorgang so oft wiederholen, bis der Teig aufgebraucht ist.

Vegane Streichwurst

Zutaten für ca. 400 g

300 g Kidneybohnen aus der Dose
110 g Räuchertofu
1 Zwiebel
1 EL Mandelmus
2 EL Olivenöl
2 TL Sojasoße
1 TL getrockneter Majoran
¾ TL Salz
½ TL schwarzer Pfeffer

1. Kidneybohnen in ein Sieb abgießen und abtropfen lassen. Räuchertofu würfeln. Zwiebel schälen und klein würfeln.
2. Alle Zutaten, bis auf das Wasser, in einen Mixer geben und fein pürieren. Esslöffelweise Wasser zugeben bis die gewünschte Konsistenz erreicht ist.
3. Masse in ein verschließbares Glas füllen und vor dem Servieren am besten über Nacht im Kühlschrank ziehen lassen.

VEGAN

Mandelaufstrich

Zutaten für ca. 150 g

50 g Mandeln
50 g Kapern
40 g frische Petersilie
3 EL Olivenöl
1 Prise Salz

1. Mandeln in einer Pfanne ohne Fettzugabe rösten, dann abkühlen lassen.
2. Kapern abtropfen lassen. Petersilie waschen, trocken schütteln und grob hacken.
3. Alle Zutaten in einen Mixer geben und zu einer groben Paste zerkleinern.
4. In ein Schraubglas füllen und im Kühlschrank aufbewahren.

Paprika-Aufstrich

Zutaten für ca. 150 g

1 rote Paprikaschote
30 g getrocknete Tomaten in Öl
3 EL Olivenöl
50 g Kürbiskerne
¼ TL Salz
⅓ TL Pfeffer

1. Paprikaschote putzen, waschen und klein würfeln. Getrocknete Tomaten klein schneiden.
2. Olivenöl in einer Pfanne erhitzen und Paprika darin in 5 Minuten weich köcheln lassen.
3. Mit den restlichen Zutaten in einen Mixer geben und zu einem groben Aufstrich zerkleinern. In ein Schraubglas füllen und im Kühlschrank aufbewahren.

Frühstückskekse

Zutaten für 20 Stück

100 g Banane (ohne Schale)
100 g Nussmix
50 g Rosinen
150 ml Mandeldrink (siehe Seite 16)
220 g Haferflocken

1. Banane in einer Schüssel mit einer Gabel zerdrücken. Nüsse grob zerkleinern.
2. Alle Zutaten vermengen und abgedeckt im Kühlschrank über Nacht durchziehen lassen.
3. Am nächsten Tag den Backofen auf 180 °C Ober-/Unterhitze vorheizen und ein Backblech mit Backpapier auslegen.
4. Mit einem Teelöffel 20 Häufchen auf das Backblech setzen und etwas andrücken. Im Ofen in 16–20 Minuten goldbraun backen.

Schon gewusst?

Haferflocken werden durch das Schneiden, Dämpfen und Walzen von Haferkörnern hergestellt. So entstehen flache Flocken, die leicht zu kochen und zu essen sind. Sie sind reich an Kohlenhydraten, die Energie liefern und helfen können, gut in den Tag zu starten. Die enthaltenen Ballaststoffe sind wichtig für eine gesunde Verdauung und machen lange satt. Haferflocken weisen verschiedene Vitamine und Mineralstoffe wie Vitamin B, Eisen und Magnesium auf, die wichtig für Wachstum, Entwicklung und allgemeine Gesundheit sind. Haferflocken lassen sich auf verschiedene Arten zubereiten:

Warmes Haferflockenfrühstück – Haferflocken mit veganem Milchersatz oder Wasser kochen und mit Früchten, Nüssen oder Honig garnieren.

Overnight Oats – Haferflocken über Nacht in einer Schüssel mit veganem Joghurt oder Milchersatz einweichen und am nächsten Morgen mit Toppings wie Beeren oder Nüssen genießen.

Smoothies – Haferflocken in Smoothies mixen, um diesen eine zusätzliche Textur zu verleihen und eine längere Sättigung zu erreichen.

Gebäck – Haferflocken eignen sich bestens als Zutat für selbst gemachte Kekse oder Müsliriegel, um eine gesunde Snack-Option zu haben.

Weiche Apfel-Haferflockenkekse

Wie klingt das? Weiche Apfelkekse aus nur 5 Zutaten, frei von Industriezucker und trotzdem süß und erfrischend ... Der Hauptgeschmack kommt von den Äpfeln. Diese Kekse schreien einfach danach, in die Lunchbox zu kommen.

Die Vorbereitung der Kekse ist kinderleicht und du kannst die Kekse bis zu 3 Tage im Kühlschrank aufbewahren, ohne dass sie an Geschmack und Konsistenz verlieren. Das macht sie perfekt für die Vorbereitung am Wochenende, um sie dann als Snack in die Schul-Lunchboxen zu packen. Wenn du möchtest, kannst du sie sogar einfrieren und bei Bedarf auftauen.

Zutaten für 18 Stück

2 rote Äpfel
300 g Haferflocken, kernig
400 g Apfelmark
2 TL Vanilleextrakt ohne Zucker oder Vanille aus der Mühle
3 EL Mandelmus

1. Backofen auf 180 °C Ober-/Unterhitze vorheizen und ein Backblech mit Backpapier auslegen.
2. Äpfel entkernen und in kleine Stücke schneiden.
3. Haferflocken, Apfelmark, Vanilleextrakt und Mandelmus vermengen.
4. Apfelwürfel unterheben.
5. Mit einem Eisportionierer 9 Kugeln auf das Backblech geben und mit feuchten Händen etwas andrücken. Im Ofen ca. 15 Minuten goldbraun backen. Herausnehmen, etwas abkühlen lassen, dann die nächsten 9 backen.

Tofu-Rührei

Zutaten für 2 Portionen

2 EL Olivenöl
250 g Tofu
1 Prise Pfeffer
180 ml Haferdrink
½ TL gemahlene Kurkuma
¾ TL Kala Namak
50 g frischer Spinat

1. Olivenöl in einer großen Pfanner erhitzen und den Tofu mit den Händen hineinbröseln.
2. Mit Pfeffer würzen und 5 Minuten unter Rühren anbraten.
3. Haferdrink, Kurkuma und Kala Namak unterrühren und 3-5 Minuten anbraten.
4. Spinat verlesen, waschen, unterheben und unter Rühren garen, bis er zusammengefallen ist.

Schon gewusst?

Kala Namak, auch bekannt als Schwarzsalz, wird häufig in der indischen, pakistanischen, bangladeschischen und nepalesischen Küche eingesetzt. Obwohl es als Salz bezeichnet wird, enthält es neben Natriumchlorid noch andere Verbindungen, die ihm seinen charakteristischen Ei- oder Schwefelgeruch verleihen. Da es sehr geschmacksintensiv ist, sollte es sparsam verwendet werden, um den gewünschten Geschmack zu erzielen, ohne das Aroma der Speise zu übertünchen.

Bananenbrot

Zutaten für 1 Kastenform (ca. 23 cm)

Fett für die Form
3 reife Bananen
60 ml Sojadrink
55 ml Rapsöl
100 g Zucker
1 TL Zimt
1 TL Vanilleextrakt
300 g Mehl
8 g Backpulver
½ TL Salz
60 g Walnusskerne
60 g vegane dunkle Schokoladendrops

1. Backofen auf 180 °C Ober-/Unterhitze vorheizen und eine Kastenform einfetten.
2. Bananen schälen und in einer Schüssel mit einer Gabel zerdrücken.
3. Sojadrink, Öl, Zucker, Zimt und Vanille mit dem Handrührgerät untermischen.
4. Mehl, Backpulver, Salz einrühren, bis alles gut vermengt ist.
5. Walnüsse grob hacken und mit den Schokoladendrops unterheben.
6. Teig in die Form füllen und 40–50 Minuten im Ofen backen.

weitere Variationen ›››

Bananenbrot-Variationen

Schokoladen-Bananenbrot

Dem Teig etwas Kakaopulver hinzufügen, um eine leckere Schokoladennote zu erhalten.

Nuss-Bananenbrot

Noch mehr gehackte Nüsse wie Haselnüsse oder Mandeln zugeben, um dem Brot eine knusprige Textur und einen zusätzlichen Geschmack zu verleihen.

Kokosnuss-Bananenbrot

Geraspelte Kokosnuss untermischen für eine exotische Note. Außerdem Kokosmilch statt Sojadrink verwenden, um den Kokosnussgeschmack zu verstärken.

Gewürztes Bananenbrot

Gewürze wie Zimt, Muskatnuss oder Ingwer einrühren, um das Bananenbrot wärmend und noch aromatischer zu machen.

Beeren-Bananenbrot

Mit frischen oder gefrorenen Beeren wie Blaubeeren, Himbeeren oder Erdbeeren erhält das Brot eine fruchtige Note. Die Beeren sorgen zudem für eine saftige Konsistenz.

Haferflocken-Bananenbrot

Einen Teil des Mehls durch Haferflocken ersetzen, um dem Brot eine rustikale Textur zu geben. Eventuell auch Rosinen oder getrocknete Früchte hinzufügen.

Kürbis-Bananenbrot

Kürbispüree in den Teig rühren, um ein saftiges und herbstlich anmutendes Bananenbrot zu erhalten. Gewürze wie Zimt und Nelken passen sehr gut dazu.

Zitronen-Bananenbrot

Mit etwas Zitronensaft und Zitronenschale im Teig bekommt das Bananenbrot einen erfrischenden und zitronigen Geschmack.

Fluffige Pancakes

Zutaten für 4 Stück

125 g Mehl
2 EL Zucker
1 EL Backpulver
½ TL Salz
240 ml Mandeldrink
(siehe Seite 13)
1 EL Apfelessig
1 TL Vanilleextrakt
etwas Öl zum Ausbacken
Ahornsirup zum Servieren

1. Mehl, Zucker, Backpulver und Salz in eine mittelgroße Schüssel geben und vermischen.
2. Mandeldrink, Apfelessig und Vanille in einer zweiten Schüssel verrühren.
3. Die flüssige Mischung zur trockenen gießen und alles mit dem Schneebesen zu einem glatten Teig verarbeiten.
4. Den Teig 5 Minuten ruhen lassen.
5. Etwas Öl in eine Pfanne geben, ¼ des Teiges in die Pfanne gießen und etwas verteilen. Pancake von jeder Seite in 1–2 Minuten goldbraun backen. Vorgang wiederholen, bis der Teig aufgebraucht ist.
6. Pancakes warm mit Ahornsirup servieren.

Nuss-Nougat-Creme

Zutaten für 2 Gläser à 400 ml

100 g vegane dunkle Schokolade
240 g vegane Haselnussbutter
280 g Kokosmilch
120 ml Ahornsirup
30 g Backkakao
2 TL Vanilleextrakt
1 TL Meersalz

1. Schokolade fein hacken und in eine hitzebeständige Schüssel füllen. Schüssel auf einen Topf stellen, der mit kochendem Wasser gefüllt ist. Schokolade so lange rühren, bis sie geschmolzen ist. Dann Schüssel vom Topf nehmen.
2. Haselnussbutter, Kokosmilch, Ahornsirup, Kakao, Vanilleextrakt und Salz in einen Hochleistungsmixer geben und cremig pürieren.
3. Die geschmolzene Schokolade zufügen und einige Minuten lang mixen, bis ein dickflüssiger, cremiger Aufstrich entsteht.
4. Schokoladenaufstrich in luftdicht verschließbare Gläser füllen und vor dem Servieren mindestens 2 Stunden in den Kühlschrank stellen.

TIPP:
Verschlossen im Kühlschrank 1 Woche haltbar.

Snacks, Finger- und Partyfood

Green-Power-Mini-Frittatas

Es gibt Momente im Leben, in denen wir uns nach einfachen, aber köstlichen Dingen sehnen. Wie nach diesen Mini-Frittatas aus gesunden Kräutern und Spinat. Diese kleinen Schätze lassen sich nicht nur gut vorbereiten, sondern schmecken warm und kalt gleichermaßen lecker. Die Konsistenz ist perfekt - nicht zu trocken und nicht zu feucht, einfach genau richtig. Die Frittatas sind eine perfekte Vorspeise, ein toller Snack für zwischendurch, ein wunderbarer Begleiter für ein Picknick im Park oder eine gute Beilage für ein entspanntes Abendessen mit Freund*innen und Familie.

Zutaten für 8 Stück

einige Blätter frisches Basilikum
1 Stiel frischer Dill
1 Stiel frische Petersilie
100 g veganer Fetakäse
1 Stange Lauch
2 Knoblauchzehen
200 g Babyspinat
2 TL Olivenöl
200 g Kichererbsenmehl
125 ml pflanzliche Sahne
Kresse zum Garnieren, optional

1. Backofen auf 180 °C Ober-/Unterhitze vorheizen und 8 Papierförmchen in die Mulden einer Muffinform stellen.
2. Basilikum, Dill, Petersilie waschen, trocken schütteln und grob hacken. Feta zerbröseln. Lauch putzen, waschen und klein schneiden. Knoblauch schälen und pressen. Spinat verlesen und waschen.
3. Öl in einer Pfanne erhitzen und den Lauch darin 3 Minuten bei mittlerer Hitze anbraten. Knoblauch zugeben und 2 Minuten mitbraten.
4. Spinat unterrühren und 1 Minute garen, bis er zusammengefallen ist. Pfanne zur Seite stellen.
5. Kichererbsenmehl, 100 ml Wasser und Sahne in einer Schüssel verühren, die Kräuter unterheben und Teig 15 Minuten quellen lassen.
6. Spinatmasse auf die Förmchen verteilen, Feta daraufstreuen und die Sahnemischung darübergießen.
7. Frittatas in 20–25 Minuten im Ofen goldbraun backen.

Pesto-Schnecken

Zutaten für 18–20 Stück

½ Bund frisches Basilikum
100 g veganes rotes Pesto
2 TL Tomatenmark
100 g veganes grünes Pesto
275 g veganer Blätterteig
100 g veganes Pesto Calabrese
4 EL heller Sesam
Salz, Pfeffer

1. Backofen auf 180 °C Ober-/Unterhitze vorheizen und ein Backblech mit Backpapier auslegen.
2. Basilikum waschen, trocken schütteln und fein hacken.
3. Das rote Pesto in einer Schüssel mit dem Tomatenmark verrühren. Das grüne Pesto in einer weiteren Schüssel mit dem Basilikum vermischen.
4. Blätterteig aufrollen und in 3 lange Streifen schneiden.
5. Auf jeden Streifen ein unterschiedliches Pesto streichen. Mit Sesam bestreuen.
6. Die Teigstreifen von der kurzen Seite her aufrollen und dann in 1 cm breite Scheiben schneiden.
7. Schnecken auf das Blech legen und 20–25 Minuten im Ofen backen.

Schon gewusst?

Pesto ist ein Genuss als Nudelsoße, Brotaufstrich, Dip oder Ergänzung zu anderen Gerichten. Einfach mit den Mengen und Zutaten experimentieren, um den persönlichen Geschmack zu treffen.

weitere Variationen ›››

Rucola-Pesto:

- 60 g frischer Rucola
- 70 g Walnusskerne
- 3 Knoblauchzehen
- 60 ml Olivenöl
- Saft von ½ Zitrone
- Salz, Pfeffer

Klassisches veganes Basilikum-Pesto:

- 60 g frisches Basilikum
- 70 g Pinienkerne
- 3 Knoblauchzehen
- 60 ml Olivenöl
- 2 EL Zitronensaft
- Salz, Pfeffer

Hier ein paar Inspirationen:

Die Zutaten bei Bedarf waschen oder schälen, in einen Mixer geben und zu Pesto pürieren.

Sonnenblumenkern-Pesto:

- 60 g frisches Basilikum
- 70 g Sonnenblumenkerne
- 3 Knoblauchzehen
- 60 ml Olivenöl
- 2 EL Hefeflocken
- Salz, Pfeffer

Spinat-Basilikum-Pesto:

- 60 g frischer Spinat
- 40 g frisches Basilikum
- 70 g Cashewkerne
- 2 Knoblauchzehen
- 60 ml Olivenöl
- Saft von ½ Zitrone
- Salz, Pfeffer

Warum ich frische Kräuter liebe

Frisches Basilikum, Dill und Petersilie sind nicht nur köstliche Kräuter, die unsere Gerichte würzen, sondern auch unglaublich gesund für unseren Körper.

- Basilikum enthält beispielsweise Antioxidantien wie Vitamin A und C, die dazu beitragen können, Zellschäden durch freie Radikale zu reduzieren. Darüber hinaus hat Basilikum antimikrobielle Eigenschaften, die das Immunsystem stärken und Infektionen bekämpfen können.
- Dill ist eine weitere wichtige Quelle von Antioxidantien und Vitaminen. Es enthält auch Mineralstoffe wie Kalzium, Magnesium und Eisen. Dill hat zudem verdauungsfördernde Eigenschaften, die dabei helfen können, Blähungen und Verdauungsstörungen zu reduzieren.
- Petersilie weist ebenfalls eine Fülle von Nährstoffen auf, einschließlich Vitaminen wie Vitamin C, K und A sowie Mineralstoffen wie Kalium und Eisen. Petersilie kann dazu beitragen, den Körper von Giftstoffen zu reinigen und das Immunsystem zu stärken.
- All diese Vorteile sprechen eindeutig dafür, frische Kräuter wie Basilikum, Dill und Petersilie möglichst oft in unsere Ernährung zu integrieren. Egal, ob als Topping auf Salaten oder in Suppen und Eintöpfen – durch ihre Beigabe bekommt unser Körper mit jeder Mahlzeit wertvolle Nährstoffe.

Käse-Muffins

Zutaten für 12 Stück

1 Knoblauchzehe
2 EL Leinsamen
1 rote Paprikaschote
100 g vegane Butter
150 ml Sojasahne
150 g veganer Cheddar
3 EL Pinienkerne
4 TL getrocknete Kräuter
300 g Mehl
3 TL Backpulver
1 Prise Salz

1. Backofen auf 180 °C Ober-/Unterhitze vorheizen und eine Muffinform mit Papierförmchen auskleiden.
2. Knoblauch schälen und fein hacken.
3. Leinsamen in einer Schüssel mit 4 EL Wasser verrühren und 10 Minuten quellen lassen. Paprika waschen, putzen und in Würfel schneiden.
4. Butter, Sahne und Knoblauch in einen Mixer geben und zu einer glatten Masse verrühren.
5. Leinsamen zugeben und untermischen.
6. Cheddar reiben und zusammen mit den Pinienkernen und Kräutern zum Teig geben. Die Paprika unterheben.
7. Mehl, Backpulver und Salz in einer Schüssel verrühren und nach und nach unter die Buttermischung rühren.
8. Teig in die Förmchen geben und Muffins in 35–40 Minuten im Ofen goldbraun backen.
9. Mindestens 1 Stunde (am besten über Nacht) abkühlen lassen.

Süße Bananen-Kokos-Kugeln

Zutaten für 12 Kugeln

150 g Kokosraspel
1½ reife Bananen
30 g Kokosblütenzucker oder Zucker
1 TL Vanilleextrakt
½ TL Salz
60 g Mehl
50 g vegane Zartbitterschokodrops

1. Backofen auf 180 °C Ober-/Unterhitze vorheizen und ein Backblech mit Backpapier belegen.
2. Kokosraspel in der Küchenmaschine zu Mehl verarbeiten. In eine Schüssel umfüllen und beiseite stellen.
3. Bananen schälen, in Stücke schneiden und mit Zucker, Vanille und Salz in die Küchenmaschine geben und pürieren. Kokosraspel und Mehl zugeben und alles gut vermengen.
4. Schokoladendrops unterheben.
5. Aus dem Teig kleine Kugeln formen, diese auf das Backblech legen und in 12–15 Minuten im Ofen goldbraun backen, dabei ab und zu wenden. Vor dem Verzehr auskühlen lassen.

TIPP:
Der Teig sollte so feucht sein, dass er sich gut formen lässt. Wenn er zu feucht ist, einfach etwas mehr Mehl zugeben. Luftdicht verpackt halten sich die Kugeln bis zu 3 Tage im Kühlschrank.

Ananas-Tomaten-Suppe

Zutaten für 2 Portionen

150 g frische Ananas
1 Süßkartoffel
1 rote Paprikaschote
1 grüne Paprikaschote
2 Zwiebeln
2 Knoblauchzehen
60 g Kichererbsen aus der Dose
2 EL Olivenöl
1 EL getrockneter Thymian
1 TL Zimt
½ TL Piment
400 ml Gemüsebrühe
400 g gehackte Tomaten aus der Dose
2 TL Limettensaft

1. Backofen auf 180 °C Ober-/Unterhitze vorheizen und ein Backblech mit Backpapier auslegen.
2. Ananas schälen und in Würfel schneiden. Süßkartoffel schälen und würfeln. Paprikaschoten putzen, waschen und würfeln. Zwiebeln schälen und klein würfeln. Knoblauch schälen und fein hacken.
3. Kichererbsen in ein Sieb abgießen und abtropfen lassen.
4. Die vorbereiteten Zutaten auf dem Backblech verteilen, mit Olivenöl beträufeln und mit Thymian, Zimt und Piment bestreuen. Im Ofen 40 Minuten rösten.
5. Die Hälfte des Ofengemüses mit der Gemüsebrühe in einen Standmixer geben und pürieren. In einen Topf umfüllen und die gehackten Tomaten, den Limettensaft sowie das restliche Gemüse unterrühren und erhitzen.

Rot-weißer Pizza-Dip

Zutaten für ca. 500 g

Für die rote Creme
240 g gehackte Tomaten aus der Dose
1 TL gemahlenes Basilikum
1 TL gemahlener Oregano
1 TL gemahlener Thymian
1 TL edelsüßes Paprikapulver
2 EL Röstzwiebeln
120 g getrocknete Tomaten in Öl

Für die weiße Creme
80 g Cashewmus
10 g Hefeflocken
1 Prise Salz
70 ml Wasser

1. Alle Zutaten für die rote Soße in einen Mixer geben und fein pürieren.
2. Alle Zutaten für die weiße Creme in einen Mixer geben und fein pürieren.
3. Den roten Dip in einen tiefen Teller füllen und die weiße Creme spiralförmig darüberträufeln.

Tofu-Nuggets

Zutaten für 4 Portionen

450 g Tofu
2 Scheiben Vollkorntoast
60 g geriebener veganer Parmesan
1 TL Knoblauchpulver
½ TL getrockneter Oregano
½ TL getrockneter Thymian
½ TL getrockneter Rosmarin
½ TL getrocknetes Basilikum
½ TL getrockneter Majoran
¼ TL Salz
¼ TL Pfeffer
80 g Maisstärke
120 ml pflanzlicher Milchersatz
60 ml Olivenöl

1. Tofu zuerst längst halbieren und dann in mundgerechte Stücke schneiden.
2. Vollkorntoast toasten und zusammen mit Parmesan und den Gewürzen in einen Mixer geben und fein mahlen. In einen tiefen Teller umfüllen.
3. Maisstärke auf einen Teller geben. Pflanzendrink in einen tiefen Teller gießen.
4. Tofu zuerst in der Maisstärke, dann im pflanzlichen Milchersatz wenden. Vorgang wiederholen und Nuggets dann in der Parmesanpanade wälzen.
5. Olivenöl in einer großen Pfanne erhitzen und die Nuggets darin von beiden Seiten goldbraun braten.

Durstlöscher

Zutaten für 1 Liter

30 Blätter gemischte frische Kräuter (Basilikum, Salbei, Rosmarin, Ananassalbei ...)
1 Zitrone
700 ml lauwarmes Wasser
300 ml Apfelsaft
4 TL Zucker (optional)

1. Kräuter waschen und trocken schütteln. Zitrone auspressen.
2. Kräuter mit Zitronensaft und dem lauwarmen Wasser in ein Gefäß geben und mindestens 4 Stunden ziehen lassen.
3. Durch ein Sieb abseihen und in einem Krug mit Apfelsaft und Zucker, wenn gewünscht, verrühren.
4. Schmeckt lauwarm und auch eiskalt mit Eiswürfeln.

Mini-Corn-Dogs

Zutaten für 4–6 Portionen

150 g Mehl
100 g Maismehl
1 Prise Salz
1 Prise Zucker
50 g Apfelmus
1 EL Öl
1½ TL Trockenhefe
50 g Semmelbrösel
50 g gehackte Mandeln
6 vegane Würstchen
1 l Öl zum Frittieren

1. Mehl, Maismehl, Salz, Zucker, Apfelmus, Öl, Hefe und 150 ml lauwarmes Wasser in einer Schüssel verrühren, sodass ein glatter Teig entsteht. Abgedeckt 1 Stunde ruhen lassen.
2. Semmelbrösel und Mandeln in einer Schüssel vermengen.
3. Würstchen je nach Größe halbieren oder dritteln, auf Holzspieße stecken und in den Teig tauchen, dann in der Semmelbröselmischung wenden.
4. Öl in einem hohen Topf erhitzen und die Würstchen darin 5 Minuten goldbraun frittieren. Herausnehmen und etwas abtropfen lassen.

Tomatensalsa

Zutaten für 4 Portionen

1 Zwiebel
1 Knoblauchzehe
1 Stiel frische Petersilie oder Koriander
400 g stückige Tomaten aus der Dose
1 TL Olivenöl
1 EL Limettensaft
Salz, Pfeffer

1. Für die Salsa Zwiebel und Knoblauch schälen und fein würfeln. Petersilie oder Koriander waschen, trocken schütteln und fein hacken.
2. Die vorbereiteten Zutaten in einer Schüssel mit den Tomaten verrühren. Olivenöl und Limettensaft untermischen und Salsa mit Salz und Pfeffer würzen.

Käsestangen

Zutaten für 1 Backblech

150 g Cashewkerne
250 g veganer frischer Blätterteig
1 Zwiebel
1 Knoblauchzehe
1 TL Zitronensaft
1 EL Hefeflocken
1 EL Olivenöl
Salz, Pfeffer
50 g veganer Reibekäse

1. Cashewkerne in einer Schüssel mit Wasser begießen und über Nacht einweichen lassen. Dann durch ein Sieb abseihen.
2. Blätterteig entrollen.
3. Backofen auf 180 °C Ober-/Unterhitze vorheizen und ein Backblech mit Backpapier auslegen.
4. Zwiebel und Knoblauch schälen und fein würfeln.
5. Cashewkerne mit Knoblauch, Zitronensaft und Hefeflocken in einem Standmixer pürieren.
6. Blätterteig in lange, etwa 3 cm breite Streifen schneiden. Jeden Streifen jeweils mit Cashewmus bestreichen, mit Zwiebelwürfeln bestreuen und mit Salz und Pfeffer würzen. Die Streifen jeweils an den Enden fassen, in sich verdrehen und auf das Backblech legen. Mit Olivenöl bepinseln und mit Käse bestreuen.
7. Stangen in 10–15 Minuten im Ofen goldbraun backen.

Haupt-speisen

Kartoffelkroketten auf cremiger Zwiebel-Käse-Soße

Dieses Gericht ist großartig, denn es ist nicht nur unglaublich schnell hergestellt (und unglaublich lecker), sondern auch vielseitig einsetzbar ... als Hauptgericht mit Salat, als Beilage oder als leckeres Partyfood.

Zutaten für 4 Portionen

600 g TK-Kartoffelkroketten
500 ml Sojadrink
1 Pck. veganes Zwiebelsuppenpulver (Tütensuppe)
30 g vegane Butter
3 TL Mehl
150 g veganer Frischkäse
100 g geriebener veganer Käse
Schnittlauchröllchen zum Servieren

1. Backofen auf 200 °C Ober-/Unterhitze vorheizen.
2. Kroketten auf ein Backblech geben und 20 Minuten im Ofen backen.
3. In der Zwischenzeit Sojadrink und Suppentütenmix in einer Schüssel verrühren.
4. Vegane Butter in einem kleinen Topf schmelzen.
5. Mehl einrühren und 1 Minute unter Rühren köcheln lassen.
6. Topf vom Herd nehmen und Sojamischung und Frischkäse unterrühren. Dann Topf wieder auf den Herd stellen und Soße bei mittlerer Hitze unter Rühren 3 Minuten köcheln lassen, bis sie eindickt.
7. Soße in eine Auflaufform (ca. 20 × 30 cm) gießen und Käse darüberstreuen.
8. Kroketten darauf verteilen und Auflauf 15 Minuten im Ofen backen.
9. Vor dem Servieren mit Schnittlauch bestreuen.

Auberginen-Tomaten-Auflauf

Zutaten für 4 Portionen

3 Auberginen
2 Knoblauchzehen
1 Zwiebel
Fett für die Form
4 EL Olivenöl
800 g gehackte Tomaten aus der Dose
150 g passierte Tomaten aus der Dose
2 TL getrockneter Oregano
1 EL Balsamico-Essig
½ Bund frisches Basilikum
Meersalz, Pfeffer
60 g Mehl
200 g geriebener veganer Mozzarella

1. Auberginen waschen, putzen und der Länge nach in 5 mm dicke Scheiben schneiden. Knoblauch schälen und pressen. Zwiebel schälen und fein würfeln.
2. Backofen auf 180 °C Ober-/Unterhitze vorheizen und eine Auflaufform etwas einfetten.
3. 2 EL Olivenöl in einer Pfanne erhitzen. Zwiebelwürfel zugeben und 5 Minuten anschwitzen. Dann Knoblauch, gehackte und passierte Tomaten zugeben.
4. Oregano und Essig einrühren und Soße bei geringer Hitze 20 Minuten köcheln lassen.
5. Basilikum waschen, trocken schütteln und klein schneiden, dann unter die Tomatensoße mischen. Soße mit Salz und Pfeffer würzen und weitere 10 Minuten köcheln lassen, dabei ab und zu umrühren.
6. Mehl auf einem Teller mit je ½ TL Salz und Pfeffer vermengen und die Auberginenscheiben darin wenden.
7. Das restliche Olivenöl in einer Pfanne erhitzen und die Auberginenscheiben darin von beiden Seiten 2–3 Minuten anbraten.
8. Den Boden der Auflaufform mit einer dünnen Schicht Tomatensoße bedecken, dann abwechselnd Auberginenscheiben und Tomatensoße einschichten. Zum Schluss den Mozzarella darüberstreuen.
9. Auflauf in 30–40 Minuten im Ofen goldbraun backen.

Schon gewusst?

Auberginen haben eine längliche, ovale Form und eine glatte, glänzende Haut. Sie kommen in verschiedenen Farben vor, meistens dunkelviolett, aber es gibt auch Sorten in anderen Farben wie Grün oder Weiß. Das Gemüse ist sehr vielseitig in der Küche, es kann gebraten, gegrillt, gebacken, gekocht oder püriert werden. Dadurch eignet es sich für eine Vielzahl von Gerichten wie zum Beispiel Aufläufe, Currys, Pastasoßen, Sandwiches und sogar als Fleischersatz in vegetarischen und veganen Gerichten. Auberginen haben einen milden, leicht erdigen Geschmack. Sie absorbieren jedoch auch Aromen von anderen Zutaten, mit denen sie gekocht werden, und entwickeln dadurch einen reichen Geschmack. Sie enthalten eine Vielzahl von Nährstoffen, die wichtig für eine gesunde Ernährung sind, und sind reich an Ballaststoffen. Auberginen sind ein fester Bestandteil der Küchen vieler Kulturen auf der ganzen Welt. Sie werden in der mediterranen, nahöstlichen, indischen und asiatischen Küche verwendet.

Süßkartoffelpommes

Zutaten für 4 Portionen

1 kg Süßkartoffeln
8 EL Olivenöl
1 EL Meersalz
2 EL Maisstärke

1. Süßkartoffeln schälen und in 1 cm dicke Stäbchen schneiden. Pommes in eine Schüssel geben, mit Wasser bedecken und 1 Stunde einweichen lassen.
2. Dann durch ein Sieb abseihen, abspülen und mit Küchenpapier trocken tupfen.
3. Pommes in einer Schüssel mit Olivenöl, Salz und Maisstärke vermengen.
4. Backofen auf 200 °C Ober-/Unterhitze vorheizen und ein Backblech mit Backpapier auslegen.
5. Die Süßkartoffelpommes auf dem Blech verteilen und in 12 Minuten im Ofen goldbraun backen, dann einmal wenden und weitere 10 Minuten backen.

TIPP:
Dazu passt vegane Mayonnaise (siehe Seite 138) perfekt.

Tomaten-Gnocchi-Auflauf

Zutaten für 4 Portionen

Für den Auflauf
Fett für die Form
500 g vegane Gnocchi
2 rote Zwiebeln
400 g Kirschtomaten
2 Knoblauchzehen
4 EL Olivenöl
2 EL Balsamico-Essig
Salz, Pfeffer

Für das Pesto
1 Knoblauchzehe
25 g frisches Basilikum
80 g veganer Joghurt
2 EL Olivenöl
2 EL Zitronensaft
50 g Cashewkerne

1. Backofen auf 180 °C Ober-/Unterhitze vorheizen und eine Auflaufform leicht einfetten.
2. Gnocchi nach Packungsanweisung zubereiten und dann in einem Sieb abtropfen lassen.
3. Zwiebeln schälen und würfeln. Kirschtomaten waschen und halbieren. Knoblauch schälen und pressen.
4. Zwiebeln, Kirschtomaten und Knoblauch in einer Schüssel vermischen. Olivenöl und Balsamico unterrühren. Gnocchi unterheben, mit Salz und Pfeffer würzen und alles in die Auflaufform füllen.
5. Auflauf 35 Minuten im Ofen backen.
6. In der Zwischenzeit für das Pesto den Knoblauch schälen. Das Basilikum waschen und trocken schütteln.
7. Knoblauch, Basilikum und die restlichen Pesto-Zutaten in einen Mixer geben und pürieren.
8. Auflauf mit Pesto servieren.

Mac and Cheese

Zutaten für 4 Portionen

400 g Makkaroni
750 ml Sojadrink
60 g Cashewkerne
60 ml Olivenöl
2 Knoblauchzehen
50 g Mehl
120 g veganer geriebener Käse
3 EL Hefeflocken
2 TL Dijon-Senf
50 g Semmelbrösel
Salz, Pfeffer

1. Backofen auf 220 °C Ober-/Unterhitze vorheizen.
2. Pasta nach Packungsanweisung in einem Topf mit Salzwasser 1 Minute weniger als al dente kochen, dann durch ein Sieb abseihen und abtropfen lassen.
3. Sojadrink und Cashewkerne in einen Topf geben und unter Rühren 1 Minute kochen, dann 10 Minuten abkühlen lassen. Mischung in einen Standmixer umfüllen und pürieren.
4. 40 ml Olivenöl in eine große ofenfeste Pfanne geben und bei mittlerer Hitze erwärmen.
5. Knoblauch schälen, in die Pfanne pressen und in 2 Minuten goldbraun anbraten.
6. Mehl zugeben und mit einem Schneebesen gut verrühren, damit sich das Öl mit dem Mehl bindet, dann langsam unter Rühren die Cashew-Soja-Mischung zugeben und 2 Minuten köcheln lassen.
7. Käse, Hefeflocken und Senf einrühren.
8. Makkaroni unterheben.
9. Semmelbrösel in einer Schüssel mit dem restlichen Olivenöl und etwas Salz und Pfeffer vermengen und über die Makkaroni streuen. Auflauf im Backofen 3–5 Minuten backen, bis die Oberfläche schön knusprig ist.

TIPP
Bei einem Backofen mit Grillfunktion die höchste Stufe verwenden. So überbacken die Makkaroni richtig schnell.

Schon gewusst?

Sojabohnen, aus denen Sojadrink gemacht wird, wachsen in verschiedenen Regionen der Welt, die sich nach klimatischen Bedingungen, Bodenbeschaffenheit und landwirtschaftlicher Praxis unterscheiden. Hauptsächlich werden sie in den folgenden Ländern angebaut:

Die USA und Brasilien sind die größten Sojabohnenproduzenten der Welt. Argentinien liegt weltweit auf dem dritten Platz. Die Hauptanbaugebiete befinden sich in den Provinzen Buenos Aires, Santa Fe und Córdoba. China ist der größte Konsument von Sojabohnen und ebenfalls ein bedeutender Produzent. Die Hauptanbaugebiete liegen in den nördlichen und nordöstlichen Provinzen des Landes. Indien produziert hauptsächlich in den zentralen Bundesstaaten wie Madhya Pradesh, Maharashtra und Rajasthan Sojabohnen. Kanadas Sojabohnenanbau wird vor allem in den Provinzen Ontario, Quebec und Manitoba betrieben.

Veganer Schmand

Zutaten für 400 g

200 g Cashewkerne
160 g Sojajoghurt
2 EL weißer Essig
2 EL Zitronensaft
⅔ TL Meersalz
60–120 ml Wasser

1. Cashewkerne in eine Schüssel geben und mit Wasser begießen, sodass sie vollständig damit bedeckt sind. Mindestens 3 Stunden, am besten über Nacht, einweichen lassen.
2. Danach Cashewkerne durch ein Sieb abgießen und abspülen.
3. Alle Zutaten bis auf das Wasser in einen Mixer geben und langsam pürieren, dabei nach und nach so viel Wasser zugießen, bis die gewünschte Konsistenz erreicht ist.

TIPP
Luftdicht verschlossen 6 Tage im Kühlschrank haltbar.

Schnelle Karottenpizza

Zutaten für 4 Portionen

500 g Karotten
Salz, Pfeffer
1 Bund Frühlingszwiebeln
400 g veganer Schmand (siehe Seite 75)
1 Packung frischer veganer Blätterteig (4 Scheiben)
150 g veganer Reibekäse

1. Backofen auf 220 °C Ober-/Unterhitze vorheizen und ein Backblech mit Backpapier auslegen.
2. Karotten putzen, schälen und schräg in 5 mm dicke Scheiben schneiden. In einer Schüssel mit 2 EL Wasser, ¼ TL Salz und ½ TL Pfeffer vermengen. Karotten auf dem Backblech verteilen und 10 Minuten backen.
3. Frühlingszwiebeln putzen, waschen und in feine Ringe schneiden.
4. Schmand in eine Schüssel geben, cremig rühren und mit Salz und Pfeffer würzen.
5. Blätterteigplatten auf das Backblech legen, mit dem Schmand bestreichen und mit Käse und Frühlingszwiebeln bestreuen.
6. Karotten darauf verteilen. Nacheinander die Pizzen aufs Backblech legen und 15 Minuten im Ofen backen.

One-Pot-Pasta

Zutaten für 4 Portionen

300 g Spinat
1 rote Zwiebel
3 Knoblauchzehen
200 g Kirschtomaten
2 EL Olivenöl
2 TL getrockneter Oregano
1 TL getrockneter Thymian
500 g Nudeln
800 g gehackte Tomaten aus der Dose
400 g Kokosmilch
250 ml Wasser
1 TL Salz
¾ TL Pfeffer
1 Bund frisches Basilikum

1. Spinatblätter waschen, klein hacken und zur Seite stellen. Zwiebel und Knoblauch schälen und würfeln. Tomaten waschen und halbieren.
2. Olivenöl in einem großen Topf erhitzen und die Zwiebel darin 1 Minute dünsten.
3. Knoblauch zugeben und mitbraten. Oregano und Thymian unterrühren.
4. Pasta in die Pfanne geben. Stückige Tomaten, Kokosmilch und Wasser hinzufügen und Nudeln mit geschlossenem Deckel 15 Minuten köcheln lassen (je nach Pastasorte auch kürzer, siehe Packungsanweisung). Mit Salz und Pfeffer würzen.
5. Nach 10 Minuten die Kirschtomaten zugeben.
6. 1 Minute vor Kochzeitende den Spinat unterheben, dann Topf vom Herd nehmen.
7. Basilikum waschen, trocken schütteln und grob hacken. Vor dem Servieren auf die Pasta streuen.

Spaghetti Carbonara

Zutaten für 4 Portionen

500 g Spaghetti
250 g Räuchertofu
4 Knoblauchzehen
2 EL Olivenöl
500 ml Hafersahne
3 TL Speisestärke
Salz, Pfeffer
1 TL Zucker

1. Spaghetti in einem Topf mit Salzwasser nach Packungsanweisung al dente kochen. Dann durch ein Sieb abseihen.
2. Räuchertofu in kleine Würfel schneiden. Knoblauch schälen und fein hacken.
3. Olivenöl in einer Pfanne erhitzen und die Tofuwürfel darin 5 Minuten rundherum anbraten.
4. Mit Hafersahne ablöschen.
5. Speisestärke in einer Tasse mit 100 ml Wasser verrühren und untermischen. Einmal aufkochen lassen.
6. Knoblauch zugeben. Mit Salz, Pfeffer und Zucker würzen.
7. Spaghetti in die Pfanne geben und unterheben.

Bunte Gemüsepizza

Zutaten für 1 Pizza

Für den Teig

105 ml lauwarmes Wasser
175 g Weizenmehl Type 00
1 g Trockenhefe
4 g Salz
½ TL Zucker
5 g Olivenöl
2 TL Hartweizengrieß

Für die Soße

100 g geschälte Tomaten aus der Dose
1 Knoblauchzehe
1 Prise Salz
½ TL getrockneter Oregano

Für den Belag

nach Belieben Zucchini, Kirschtomaten, Paprika und/oder Aubergine
1 TL Olivenöl
50 g veganer geriebener Mozzarella

1. Für den Teig Wasser, Mehl, Hefe, Salz, Zucker und Olivenöl in einer Schüssel verrühren. Dann mit den Händen (oder in der Küchenmaschine) 10 Minuten zu einem Teig verkneten. Sollte der Teig zu klebrig sein, noch etwas Weizenmehl hinzugeben.
2. Den Teig abgedeckt an einem warmen Ort 20 Minuten ruhen lassen.
3. In der Zwischenzeit die Soße zubereiten. Dosentomaten in eine Schüssel geben und mit der Gabel zerdrücken. Knoblauch schälen und dazupressen. Salz und Oregano unter die Tomatensoße rühren.
4. Für den Belag Gemüse waschen, putzen und klein schneiden, Kirschtomaten nur halbieren.
5. Gemüse in einer Schüssel mit Olivenöl vermengen.
6. Backofen auf 220 °C Ober-/Unterhitze vorheizen und ein Backblech mit Backpapier belegen.
7. Arbeitsfläche mit Hartweizengrieß bestreuen, darauf Teig zu einer runden oder ovalen Pizza formen. Pizza auf das Blech legen und mit Tomatensoße bestreichen. Mit dem gewünschten Belag belegen und zum Schluss mit Mozzarella bestreuen. Im Ofen 10–12 Minuten backen.

TIPP

Pizza geht auch noch schicker. Einfach ein paar kleine Kirschtomaten, jeweils 2 nebeneinander, auf der Pizza verteilen und mitbacken. Danach aus dem Grün der Frühlingszwiebeln kleine Streifen schneiden. Nach dem Backen mit den Streifen und ein paar kleinen Basilikumblättern Kirschstiele und Blätter dekorieren.

Blumenkohlschnitzel mit Linsensalat

Zutaten für 4 Portionen

2 Blumenkohl
Salz
8 EL Mehl
4 TL edelsüßes Paprikapulver
8 EL Sojasahne
4 EL Sojasoße
8 EL Paniermehl
8 EL Panko
200 g rote Linsen
½ Bund Petersilie
2 Frühlingszwiebeln
400 g veganer Quark
Pfeffer
8 EL Olivenöl
1 EL Zitronensaft
1 EL Balsamico-Essig
2 EL Sonnenblumenkerne

1. Das Grün vom Blumenkohl entfernen, die Köpfe waschen und in 2 cm dicke Scheiben schneiden. An den Scheiben jeweils das Strunkende abtrennen.
2. Einen Topf mit Wasser füllen, 1 TL Salz zugeben und Wasser zum Kochen bringen.
3. Blumenkohlscheiben darin 4 Minuten kochen lassen, dann herausnehmen und mit kaltem Wasser abschrecken.
4. Mehl und Paprikapulver in einem flachen Teller vermengen.
5. Auf einem weiteren Teller Sojasahne und Sojasoße verrühren. Auf einem dritten Teller Paniermehl mit Panko vermischen.
6. Linsen in einem Topf mit Wasser nach Packungsanweisung gar kochen.
7. Petersilie waschen, trocken schütteln und hacken. Frühlingszwiebeln putzen, waschen und in feine Ringe schneiden.
8. Quark in eine Schüssel geben, mit Salz und Pfeffer würzen. 1 EL Olivenöl und Zitronensaft unterrühren.
9. Blumenkohlscheiben nacheinander zuerst in Mehl, dann in der Sojasahnemischung und danach in der Semmelbröselmischung wenden.
10. 5 EL Öl in einer Pfanne erhitzen und die Blumenkohlschnitzel darin von beiden Seiten goldbraun braten, herausnehmen und auf einem Küchenpapier abtropfen lassen.
11. Linsen in einem Sieb abtropfen lassen, dann in eine Schüssel umfüllen. Mit Salz und Pfeffer würzen, restliches Öl und Essig unterrühren. Petersilie, Sonnenblumenkerne und Frühlingszwiebeln unterheben.
12. Blumenkohlschnitzel mit Quark und Salat servieren.

Vegan backen

Vanillepuddingkuchen mit Aprikosen

Zutaten für 1 Springform (ø 26 cm)

Für den Teig

100 g pflanzliche Margarine + mehr für die Form
5 EL Apfelmus
125 g Zucker
1 Prise Salz
150 g Mehl
2 TL Backpulver
50 g gemahlene Mandeln
3 EL Mandeldrink (siehe Seite 13)

Für den Belag

300 ml Mandeldrink (siehe Seite 13)
5 EL Zucker
100 ml Sojasahne
1 Pck. Vanillepudding-pulver zum Kochen
1 TL Vanilleextrakt
400 g Aprikosen

Außerdem

Puderzucker zum Bestäuben

1. Für den Belag Mandeldrink und Zucker in einem Topf verrühren und langsam zum Kochen bringen.
2. Sojasahne und Puddingpulver in einer Tasse vermengen, in die kochende Flüssigkeit gießen und unter Rühren köcheln lassen, bis die Masse eingedickt ist. Dann Vanilleextrakt unterrühren.
3. Topf vom Herd nehmen, mit Frischhaltefolie bedecken und Masse abkühlen lassen.
4. Aprikosen waschen, halbieren und entkernen.
5. Backofen auf 175 °C Ober-/Unterhitze vorheizen. Springform mit Backpapier auslegen und einfetten.
6. Für den Teig Margarine, Apfelmus, Zucker und Salz in eine Schüssel geben und mit dem Handrührgerät 3 Minuten schaumig aufschlagen.
7. Mehl, Backpulver und Mandeln in einer Schüssel vermengen und langsam unter den Teig rühren. Zuletzt den Mandeldrink untermischen.
8. Teig in die Form füllen, Pudding mit einem Löffel darauf verteilen und die Aprikosenhälften mit der Schnittfläche nach unten daraufsetzen.
9. Kuchen 30–35 Minuten im Ofen backen.
10. Vor dem Servieren mit Puderzucker bestäuben.

Apfel-Mandel-Kastenkuchen

Zutaten für 1 Kastenform (ca. 25 cm)

250 g Mehl
250 g gemahlene Mandeln
1 TL Backpulver
300 g Apfelmus
250 ml Mandeldrink (siehe Seite 13)
50 g brauner Zucker
1 TL Zimt
3 EL Kokosöl
2 Äpfel
Puderzucker zum Bestäuben

1. Backofen auf 180 °C Ober-/Unterhitze vorheizen und die Kastenform mit Backpapier auslegen.
2. Mehl, Mandeln und Backpulver in einer Schüssel vermengen.
3. Apfelmus, Mandeldrink, Zucker, Zimt und Kokosöl in einer zweiten Schüssel verrühren. Mehlmischung zugeben und unterrühren.
4. Apfel schälen, entkernen und reiben, dann unter den Teig heben.
5. Teig in die Form füllen und 50 Minuten im Ofen backen.
6. Vor dem Servieren mit Puderzucker bestäuben.

Kirschen im Keksteig

Zutaten für 4 Portionen

1 kg Kirschen (oder andere Früchte), entsteint
1 EL Speisestärke
80 g Zucker
1 Pck. Vanillezucker

Für den Teig
250 g Mehl
100 g brauner Zucker
1 TL Backpulver
120 g Pflanzenmargarine
100 ml Mandeldrink (siehe Seite 13)
1 TL Vanillepaste
2 TL Maisstärke
200 g vegane backfeste Schokodrops

1. Kirschen mit Speisestärke, Zucker und Vanillezucker vermengen und in eine Auflaufform (ca. 28 × 20 cm) geben.
2. Backofen auf 180 °C Ober-/Unterhitze vorheizen.
3. Für den Teig Mehl, Zucker, Margarine, Mandeldrink, Vanille und Maisstärke zu einem Teig verkneten. Schokodrops unterkneten.
4. Aus dem Teig kleine Kugeln formen und auf die Kirschen legen.
5. Im Ofen 35–40 Minuten backen, ggf. nach 25 Minuten abdecken, falls der Teig zu dunkel wird.
6. Noch lauwarm genießen.

TIPP:
Schmeckt auch super mit Vanilleeis. Solltest du tiefgekühlte Früchte verwenden, diese vorher in einem Sieb auftauen und abtropfen lassen.

Apfel-Streusel-Muffins

Zutaten für 9 Stück

4 Äpfel
180 g Walnusskerne
2 TL Zimt
100 g brauner Zucker
1 EL Ahornsirup
300 g Mehl
1 Prise Salz
2 ½ TL Backpulver
180 g Zucker
120 ml Olivenöl
1 ½ TL Apfelessig

1. Äpfel schälen, entkernen und würfeln. Walnüsse grob hacken.
2. Für die Streusel die Hälfte der Äpfel in einer Schüssel mit 1 TL Zimt, Walnüssen, Zucker und Ahornsirup vermengen.
3. Backofen auf 180 °C Ober-/Unterhitze vorheizen und ein Muffinblech mit Papierförmchen auslegen.
4. Mehl in einer zweiten Schüssel mit Salz, Backpulver und dem restlichen Zimt vermischen.
5. Zucker, Öl, 50 ml Wasser und Essig in einer weiteren Schüssel verrühren. Mehlmischung zugeben und alles zu einem Teig verarbeiten. Restliche Apfelwürfel unterheben.
6. Papierförmchen mit dem Teig füllen und die Streusel darauf verteilen.
7. Muffins 35 Minuten im Ofen backen.

Zimtstreuselkuchen

Zutaten für 1 Springform (ø 20 cm)

Für den Teig

150 g pflanzliche Margarine + mehr für die Form
250 g Mehl
1 TL Natron
½ TL Salz
120 g Zucker
2 TL Vanilleextrakt
250 ml Mandeldrink (siehe Seite 13)
2 EL Apfelessig
100 g brauner Zucker
1½ EL Zimt

Für die Streusel

120 g Zucker
1 Prise Salz
60 g Mehl
1 TL Zimt
3 EL pflanzliche Margarine

Außerdem

2 EL Puderzucker

1. Backofen auf 180 °C Ober-/Unterhitze vorheizen und eine Springform einfetten.
2. Mehl, Natron, Salz und Zucker in einer Schüssel vermengen.
3. Margarine, Vanille, Mandeldrink und Apfelessig in einer zweiten Schüssel 2 Minuten mit dem Schneebesen aufschlagen.
4. Mehlmischung unterrühren und Teig in die Form füllen.
5. Braunen Zucker in einer Schüssel mit dem Zimt vermengen und auf dem Teig verteilen. Mit einem Messer einmal in Schlangenlinien durch den Teig fahren.
6. Alle Zutaten für die Streusel in eine Schüssel geben und verkneten. Dann Streusel auf dem Teig verteilen.
7. Kuchen 40–45 Minuten im Ofen backen, ggf. nach 30 Minuten mit Folie oder Backpapier abdecken, falls der Kuchen zu dunkel wird.
8. Optional mit etwas Puderzucker bestäuben.

Himbeerkekse mit Schokolade

Zutaten für ca. 12 Stück

- 2 reife Bananen
- 50 g vegane Mandelbutter
- 100 g Haferflocken
- 150 g Mehl
- ¼ TL Natron
- 1 TL Vanilleextrakt
- 80 g Himbeeren
- 50 g vegane dunkle Schokostückchen

1. Backofen auf 180 °C Ober-/Unterhitze vorheizen und ein Backblech mit Backpapier auslegen.
2. Bananen schälen und in einer Schüssel mit einer Gabel zerdrücken.
3. Mandelbutter in einem Topf schmelzen und mit Haferflocken, Mehl, Natron und Vanilleextrakt zu den Bananen geben und verrühren.
4. Himbeeren waschen, vorsichtig trocken tupfen und mit den Schokostückchen unter den Teig heben.
5. Mit dem Eisportionierer aus dem Teig 12 Kugeln formen, diese auf das Backblech setzen und leicht andrücken.
6. Kekse 12–15 Minuten im Ofen backen, dann auskühlen lassen.

Himbeer-Milchreis-Kuchen

Ein Stück Kindheit, ein Hauch von Omas Liebe und ein wenig Frucht. Dieser Milchreiskuchen vereint all das in einem himmlischen Genuss. Aus Omas cremigem Vanillemilchreis wird ganz einfach ein fruchtiger Himbeerkuchen.

Zutaten für 1 Auflauf- oder Springform (ca. 20 × 30 cm)

1200 ml Mandeldrink (siehe Seite 13)
250 ml vegane Schlagcreme
400 g Milchreis
200 g Zucker
2 TL Zimt
2 TL Vanilleextrakt
100 g vegane Butter + mehr für die Form
6 EL veganes Mandelmus
160 g Apfelmus
350 g Himbeeren
50 g Rosinen

1. Mandeldrink, Schlagcreme, Reis, Zucker, Zimt und Vanilleextrakt in einen Topf geben und unter Rühren aufkochen lassen. Bei geringer Hitze 40 Minuten köcheln lassen, dabei ab und zu umrühren.
2. Topf vom Herd nehmen, Butter einrühren, dann Reis etwas abkühlen lassen.
3. Backofen auf 180 °C Ober-/Unterhitze vorheizen und die Form einfetten.
4. Mandelmus und Apfelmus in den Milchreis rühren. Himbeeren waschen und vorsichtig trocken tupfen, mit den Rosinen unter den Teig heben.
5. Teig in die Form füllen und ca. 45 Minuten im Ofen backen.
6. In der Form auskühlen lassen, dann in Stücke schneiden.

TIPP:

Anstelle von Himbeeren eignen sich auch Erdbeeren, Johannisbeeren oder Blaubeeren.

Zucchinikuchen mit Pistazien

Zutaten für 1 Backform 20 × 20 cm

150 g Zucchini
2 Limetten
150 g Nussmischung
2 Bananen
200 g Margarine
200 g Zucker
300 g Mehl
1 TL Backpulver
100 g veganer Kokosjoghurt
150 g Puderzucker
25 g Pistazienkerne, geschält

1. Backofen auf 200 °C Ober-/Unterhitze vorheizen und die Springform mit Margarine einfetten.
2. Zucchini raspeln, Limetten auspressen und die Schale abreiben. Nussmischung in einem Mixer zermahlen.
3. Bananen zerdrücken und zusammen mit der Nussmischung, Margarine, Zucker, Mehl, Backpulver und Kokosjoghurt zu einem Teig verrühren. Limettenabrieb und Zucchini unterheben. Teig in die Form geben und 50 Minuten goldbraun backen.
4. Kuchen herausnehmen und auskühlen lassen. Aus dem Puderzucker und etwas Limettensaft (nach und nach zum Puderzucker geben) eine dicke Glasur rühren und über den Kuchen geben. Pistazienkerne grob hacken und darüber streuen. Dann in Stücke schneiden.

Lemon-Curd-Gugelhupf

Zutaten für 1 Gugelhupfform (ø 20 cm)

Für den Teig
250 g pflanzliche Margarine + mehr für die Form
350 g Mehl + mehr für die Form
200 g Zucker
5 Eier
200 g Lemon Curd (siehe Seite 134)
abgeriebene Schale 1 Bio-Zitrone
1 TL Backpulver
270 ml Mandeldrink (siehe Seite 13)

Für die Glasur
320 g Puderzucker
60 ml Zitronensaft

1. Backofen auf 150 °C Ober-/Unterhitze vorheizen. Eine Gugelhupfform (oder 4 Mini-Gugelhupfformen) etwas einfetten und mit Mehl bestreuen.
2. Margarine und Zucker in einer Schüssel mit dem Handrührgerät cremig aufschlagen. Eier nach und nach unterrühren. Lemon Curd und Zitronenschale untermischen.
3. Backpulver und Mehl in einer Schüssel vermengen und abwechselnd mit dem Mandeldrink in den Teig rühren.
4. Teig in die Form füllen und 80 Minuten (bei den Mini-Gugelhupfformen ca. 60 Minuten) im Ofen backen.
5. Kuchen aus dem Ofen nehmen, 20 Minuten in der Form auskühlen lassen, dann aus der Form lösen und auf einem Kuchengitter vollständig abkühlen lassen.
6. Puderzucker in einer Schüssel mit dem Zitronensaft verrühren, sodass eine dicke Glasur entsteht. Den Kuchen damit überziehen.

Desserts, Eis und Sweets

Ananas-Minze-Sorbet

Zutaten für 4 Portionen

1 Ananas
200 g Zucker oder 180 g Agavendicksaft
250 ml Wasser
Saft von 1 Limette
1 Stiel frische Minze

1. Ananas schälen und in Stücke schneiden, dann alle Zutaten (außer der frischen Minze) zusammen in einen Mixer geben und pürieren.
2. Minze waschen, die Blätter fein hacken und unter die Ananasmasse heben.
3. Masse in eine Kastenform füllen, mit Frischhaltefolie abdecken und über Nacht einfrieren.

Süßkartoffel-Schokoladen-Eis

Zutaten für 4 Portionen

2 große Süßkartoffeln
100 g Medjool-Datteln, ohne Stein
2 EL Erdnussbutter
400 g Kokosmilch
3 EL Backkakao
1 TL Vanilleextrakt
1 Prise Salz
4 EL Ahornsirup
200 g TK-Himbeeren

1. Backofen auf 200 °C Ober-/Unterhitze vorheizen und ein Backblech mit Backpapier auslegen.
2. Süßkartoffeln schälen, würfeln, auf dem Backblech verteilen und in 20 Minuten im Ofen weich backen. Danach aus dem Ofen nehmen und vollständig auskühlen lassen.
3. In der Zwischenzeit die Datteln in einer Schüssel mit warmem Wasser 2 Stunden einweichen.
4. Datteln durch ein Sieb abgießen und mit allen Zutaten, bis auf die Himbeeren, in einen Standmixer geben und cremig pürieren. Sollte die Masse zu dick werden, einfach etwas Wasser zugeben.
5. Himbeeren grob hacken.
6. Die Hälfte der Süßkartoffelmasse in eine gefrierbeständige Form füllen und ⅔ der gehackten Himbeeren darauf verteilen. Die restliche Süßkartoffelmasse daraufstreichen und mit den restlichen Himbeeren toppen.
7. Form mit Frischhaltefolie abdecken und Eis mindestens 4 Stunden einfrieren.

Himbeer-Fudge

Zutaten für ca. 20 Stück

300 g Creamed Coconut
1 TL Vanilleextrakt
100 g frische Himbeeren
2 EL Ahornsirup

1. Eine Form (ca. 20 × 20 cm) mit Frischhaltefolie auslegen.
2. Den Block Creamed Coconut klein würfeln, in eine hitzebeständige Schüssel geben und Vanilleextrakt hinzufügen.
3. Einen Topf zur Hälfte mit Wasser füllen, auf den Herd stellen und Wasser zum Kochen bringen. Die Schüssel auf den Topf stellen und rühren, bis die Kokosnussmasse geschmolzen ist, dann Schüssel vom Topf nehmen und Masse 5 Minuten abkühlen lassen.
4. Himbeeren waschen und vorsichtig trocken tupfen.
5. Alle Zutaten in ein hohes Gefäß füllen und mit dem Pürierstab pürieren.
6. Masse in die Form füllen, mit Folie bedecken und über Nacht in den Kühlschrank stellen. Immer kühl lagern.

Schon gewusst?

Frischhaltefolie – in meinen Rezepten findest du immer mal wieder die Anweisung etwas mit Frischhaltefolie abzudecken. Frischhaltefolie ist immer noch im deutschen Sprachgebrauch verankert. Es gibt aber viele Alternativen, die umweltfreundlicher als herkömmliche Frischhaltefolie sind und dazu beitragen können, den Plastikverbrauch zu reduzieren. Sie sind langlebiger, nachhaltiger und bieten eine ähnliche Funktionalität beim Aufbewahren von Lebensmitteln.

1. Wiederverwendbare Bienenwachstücher: Diese Tücher bestehen aus Baumwolle, die mit einer Schicht Bienenwachs bedeckt ist. Sie können verwendet werden, um Lebensmittel einzupacken und abzudecken. Das Bienenwachs sorgt für eine gute Abdichtung und ermöglicht es, die Tücher immer wieder zu nutzen.

2. Glasbehälter: Statt Lebensmittel in Plastik zu verpacken, kann man sie in wiederverwendbare Glasbehälter geben. Sie sind langlebig, leicht zu reinigen und halten Lebensmittel frisch. Es gibt sie in verschiedenen Größen für unterschiedliche Portionen.

3. Silikon-Stretch-Deckel: Diese Deckel bestehen aus flexiblem Silikon und können über Schüsseln, Töpfe oder sogar direkt über Obst und Gemüse gestülpt werden. Sie bieten eine gute Abdichtung und halten Lebensmittel frisch, ohne dass man Plastikfolie verwenden muss.

4. Edelstahlbehälter: Edelstahlbehälter sind eine weitere umweltfreundliche Option, um Lebensmittel aufzubewahren. Sie sind robust, leicht zu reinigen und sicher im Kontakt mit Lebensmitteln. Snacks, Sandwiches oder sogar Reste lassen sich gut darin verstauen.

Blaubeer-Crumble

Zutaten für 4 Portionen

500 g Blaubeeren
6 EL Ahornsirup
2 TL Vanilleextrakt
200 g Mehl
½ Pck. Backpulver
1 Prise Salz
50 g Nussmischung
5 EL Olivenöl
2 EL brauner Zucker

1. Backofen auf 180 °C Ober-/Unterhitze vorheizen.
2. Blaubeeren waschen, verlesen und trocken tupfen. In eine ofenfeste Form (ca. ø 20 cm) geben und mit 3 EL Ahornsirup und Vanilleextrakt verrühren.
3. Mehl, Backpulver, Salz, Nussmischung, Olivenöl, Zucker und restlichen Ahornsirup in eine Küchenmaschine geben und zu Streuseln verkneten. Streusel auf den Blaubeeren verteilen.
4. Crumble in 20–25 Minuten im Ofen goldbraun backen.

Polenta-Kokos-Klöße mit Vanillesoße

Zutaten für 4 Portionen

350 ml Sojadrink
80 g Zucker
1 TL Vanilleextrakt
150 g Maisgrieß (Polenta)
3 TL Kichererbsenmehl oder Speisestärke
6 EL vegane Butter
150 g Kokosraspel
1 Prise Salz
frische Minze
Vanillesoße zum Servieren (siehe Seite 142)

1. Sojadrink, Zucker und Vanilleextrakt in einen Topf geben und unter Rühren aufkochen lassen.
2. Polenta einrühren und unter Rühren 2 Minuten köcheln lassen. Topf vom Herd nehmen und Kichererbsenmehl sowie 1 EL Butter, 50 g Kokosraspel und Salz unterrühren.
3. Masse 1 Stunde abkühlen lassen.
4. Mit feuchten Händen aus der Masse 8 Knödel formen und diese in einem Topf mit siedendem Salzwasser 15 Minuten ziehen lassen.
5. In der Zwischenzeit die restliche Butter in einer Pfanne schmelzen, die restlichen Kokosraspel zugeben und hellbraun rösten.
6. Knödel mit einem Schöpflöffel aus dem Wasser heben, abtropfen lassen und in den Kokosraspeln wenden.
7. Minze waschen, trocken schütteln und die Blättchen abzupfen.
8. Knödel mit Minze garnieren und mit Vanillesoße servieren.

TIPP:

Der Teig lässt sich auch einen Tag zuvor zubereiten. Die geformten Klöße dann im Kühlschrank aufbewahren und erst am nächsten Tag kochen. Beim Kochen der Klöße darauf achten, dass das Wasser nicht zu kräftig sprudelt. Die Klöße schlagen sonst gegeneinander und lösen sich etwas auf. Das sieht dann nicht so schön aus.

Joghurt mit Erdbeeren und Olivenöl

Mein Bestreben ist es immer, mit nur wenigen Zutaten etwas Großartiges zu erschaffen, dafür nutze ich wenige, dafür aber ausgewählte Produkte. Für dieses Dessert muss es neben Joghurt auch ein richtig gutes Olivenöl sein, das zum milden und süßen Geschmack des Ganzen beiträgt. Wirklich Wahnsinn!

Zutaten für 4 Portionen

400 g veganer Kokosjoghurt
2 EL Vanilleextrakt
16 Erdbeeren
4 EL Ahornsirup
4 EL natives Olivenöl extra
4 Stiele Zitronenmelisse
1 Prise Meersalz

1. Joghurt in einer Schüssel mit dem Vanilleextrakt verrühren und auf 4 Gläser aufteilen. Erdbeeren waschen, entstielen und würfeln. Auf den Joghurt setzen.
2. Je 1 EL Ahornsirup auf die Erdbeeren träufeln, dann je 1 EL Olivenöl daraufgeben.
3. Zitronenmelisse waschen und trocken schütteln.
4. Desserts mit Meersalz bestreuen und mit Zitronenmelisse garnieren.

Eton Mess

Zutaten für 4 Portionen

400 ml Kichererbsenwasser aus der Dose
100 g Zucker
500 g gemischte Beeren
2 TL Puderzucker
400 g veganer Kokosjoghurt

1. Backofen auf 90 °C Umluft vorheizen und ein Backblech mit Backpapier auslegen.
2. Das Kichererbsenwasser in einer Schüssel mit dem Handrührgerät so lange aufschlagen, bis die Masse weiß und fest wird. Dann nach und nach den Zucker einrieseln lassen und unterrühren.
3. Mit einem Esslöffel kleine Berge auf das Backblech setzen und diese in 90 Minuten im Ofen fest werden lassen. Aus dem Ofen holen und abkühlen lassen.
4. In der Zwischenzeit Beeren waschen, entstielen und trocken tupfen. In einer Schüssel mit Puderzucker vermengen
5. Joghurt in eine Schüssel geben und das Baiser grob zerbröseln und unterheben.
6. Beeren und Joghurtmasse in 4 Gläser schichten.

Schon gewusst?

Das Kichererbsenwasser aus der Dose nennt man auch Aquafaba. Es handelt sich um die viskose Flüssigkeit, die sich beim Einweichen oder Kochen der Hülsenfrüchte bildet. Aquafaba hat die Eigenschaft, wie Eiweiß zu wirken, und kann daher als Ersatz in vielen Rezepten verwendet werden, insbesondere in der veganen Küche. Aquafaba wird oft zum Aufschlagen von Schlagsahne, zur Herstellung von Baiser oder als Bindemittel in Backwaren wie Kuchen oder Muffins genutzt. Es enthält Stärke, Proteine und andere Substanzen, die eine ähnliche Funktion wie Eiweiß erfüllen.

Orangentörtchen im Glas

Zutaten für 4 Portionen

100 g vegane Butterkekse
200 ml vegane Schlagcreme
1 Pck. Vanillezucker
1 Orange
500 g veganer Quark
200 g veganer Kokosjoghurt
1 TL Vanilleextrakt
50 g Zucker
150 g vegane Orangenmarmelade

1. Kekse grob zerkleinern.
2. Schlagcreme und Vanillezucker in eine Schüssel geben und mit dem Handrührgerät steif schlagen.
3. Orange schälen und die Filets herausschneiden.
4. Quark in einer Schüssel mit Joghurt, Vanilleextrakt und Zucker verrühren.
5. Sahne unterheben. Marmelade aufrühren.
6. Gläser nun abwechselnd mit Keksbröseln, Orangenfilets, Marmelade und Sahnecreme befüllen.
7. Vor dem Servieren mindestens 1 Stunde in den Kühlschrank stellen.

Himbeer-Mousse

Zutaten für 4 Portionen

Für die Mousse
400 g frische Himbeeren
1¼ TL Zitronensaft
½ TL Agar-Agar-Pulver
200 g vegane weiße Schokolade
240 g Kokoscreme oder Kokosmilch aus der Dose
1 TL Vanilleextrakt
80 ml Aquafaba

Für das Himbeerpüree
100 g frische Himbeeren
1 TL Zitronensaft
1 EL Zucker

Außerdem
120 g vegane Kokoscreme

1. Für die Mousse die frischen Himbeeren waschen und vorsichtig trocken tupfen. Mit 1 TL Zitronensaft in einen Kochtopf geben und bei mittlerer Hitze zum Köcheln bringen. Etwa 12–15 Minuten köcheln lassen, dabei regelmäßig umrühren.
2. Die Himbeermasse durch ein Sieb streichen, um die Kerne zu entfernen. Dann die gesiebte Masse mit dem Agar-Agar-Pulver zurück in den Topf geben. Um das Agar-Agar zu aktivieren, 3 Minuten lang unter ständigem Rühren kochen. Die leicht angedickte Flüssigkeit in eine Schüssel umfüllen und beiseite stellen.
3. Die Schokolade grob hacken.
4. Die Kokoscreme oder Kokosmilch mit dem Vanilleextrakt in einen Topf geben und bei mittlerer Hitze etwa 2 Minuten leicht köcheln lassen. Topf vom Herd nehmen und die weiße Schokolade zugeben. 5 Minuten ziehen lassen, dann umrühren, bis die Schokolade vollständig geschmolzen ist. Himbeermischung unterrühren und abkühlen lassen.
5. In der Zwischenzeit Aquafaba und den restlichen Zitronensaft in eine Schüssel geben und mit dem Handrührgerät in etwa 8 Minuten lang steif schlagen. Dann unter die abgekühlte Himbeermasse heben. Masse in 4 Gläser füllen und mindestes 4 Stunden kühl stellen.
6. Für das Püree die Himbeeren waschen und vorsichtig trocken tupfen. Mit dem Zitronensaft und dem Zucker in einen Topf geben und 10 Minuten lang köcheln lassen. Masse auf Zimmertemperatur abkühlen lassen und dann bis zum Servieren im Kühlschrank aufbewahren.
7. Vor dem Servieren die Kokoscreme in eine Schüssel geben und aufschlagen. Etwas Himbeerpüree auf die Gläser verteilen und die Kokoscreme daraufgeben.

TIPP:

Wer möchte, kann die Desserts noch mit frischen Himbeeren, geraspelter veganer Schokolade oder frischen Minzeblättern garnieren.

Vanilleeis

Zutaten für ca. 850 ml

520 ml Soja- oder Haferdrink
100 g Zucker
45 g Speisestärke
2 TL Vanilleextrakt
½ TL Meersalz
200 g vegane Kondensmilch (siehe Seite 133)
200 g Kokosmilch

1. Sojadrink, Zucker und Stärke in einen Topf geben und glatt rühren. Vanille zufügen und alles bei mittlerer Hitze unter Rühren zum Köcheln bringen. 5 Minuten köcheln lassen, dann das Meersalz zugeben.
2. Mischung in eine Schüssel umfüllen, mit Frischhaltefolie abdecken, damit sich keine Haut bildet, und Pudding 10 Minuten abkühlen lassen, dann für 1 Stunde in den Kühlschrank stellen.
3. Die vegane Kondensmilch und die Kokosmilch in eine große Schüssel geben und mit einem Handrührgerät einige Minuten lang cremig rühren.
4. Die gekühlte Puddingmischung hinzugeben und 1 weitere Minute verrühren.
5. Die Mischung in eine Eismaschine geben und 45 Minuten gefrieren lassen, dann in eine Form füllen und mindestens 2 Stunden lang einfrieren.

TIPP:

Zubereitung ohne Eismaschine: Mischung in eine tiefe Schale oder einen Behälter füllen und in den Gefrierschrank stellen. Nach etwa 1 Stunde, wenn die Mischung anfängt zu gefrieren, herausnehmen und mit einem Schneebesen oder Handmixer gut umrühren, um die Eiskristalle zu brechen. Behälter zurück in den Gefrierschrank stellen und den Rührprozess alle 30–45 Minuten wiederholen, bis eine schöne Eiscreme entstanden ist. Das sollte etwa 3–4 Stunden dauern, abhängig von dem Gefrierschrank und der Menge der Mischung.

MAYO
VEGAN

Basics

Vegane Buttermilch

Zutaten für ca. 250 ml

250 ml Sojadrink
1 EL Apfelessig oder Zitronensaft

1. Sojadrink und Apfelessig/Zitronensaft in eine Rührschüssel geben und bei Zimmertemperatur 5 Minuten ruhen lassen.
2. Die Buttermilch ist gebrauchsfertig, wenn sie geronnen ist.
3. Buttermilch umrühren und gleich verwenden.

TIPP:

Mandel- oder Haferdrink eignen sich ebenso, es kann dann aber bis zu 10 Minuten dauern, bis die Milch gerinnt. Luftdicht verschlossen ist Buttermilch im Kühlschrank bis zu 3 Tage haltbar.

Schon gewusst?

Buttermilch ist eine vielseitige Zutat, die in verschiedenen Gerichten und Zubereitungen verwendet werden kann.

Getränk

Buttermilch ist pur oder gemischt mit etwas Fruchtsaft oder Sirup ein erfrischendes Getränk.

Dressings und Soßen

Buttermilch kann als Basis für cremige Dressings und Soßen dienen. Sie verleiht ihnen eine leichte Säure und eine angenehme Konsistenz.

Backen

Buttermilch macht den Teig locker und sorgt für eine zarte Textur. Sie eignet sich besonders gut für Pfannkuchen, Waffeln, Biskuits, Muffins und Kuchen.

Smoothies

Buttermilch ergibt in Kombination mit frischem Obst, Joghurt und etwas Honig einen leckeren Smoothie, der erfrischend und nährstoffreich ist.

Suppen und Eintöpfe

Buttermilch fügt cremigen Suppen und Eintöpfen einen leicht säuerlichen Geschmack bei. Insbesondere in kalten Suppen wie Gurkensuppe oder Rote-Bete-Suppe kommt sie gut zur Geltung.

Haselnussdrink

Haselnussdrink ist perfekt als Zutat für Smoothies und Haferbrei. Und schmeckt als Getränk sehr lecker zu frisch gebackenen Keksen.

Zutaten für ca. 800 ml

200 g Haselnüsse
¼ TL Meersalz

1. Backofen auf 160 °C Ober-/Unterhitze vorheizen.
2. Die Haselnüsse auf ein Backblech legen und 12–14 Minuten im Ofen backen, bis sie geröstet sind. Das Blech aus dem Ofen nehmen und die Haselnüsse 30 Minuten abkühlen lassen.
3. Dann Haselnüsse zwischen den Händen reiben, um die Schalen zu entfernen.
4. Haselnüsse, 800 ml Wasser und Meersalz in einen Hochleistungsmixer geben und 1 Minute pürieren. Die Mischung durch einen Nussmilchbeutel (ein feiner Filterbeutel) abseihen.
5. Den Haselnussdrink in ein verschließbares Glas oder eine Flasche umfüllen und bis zu 3 Tage im Kühlschrank aufbewahren. Vor dem Trinken durchschütteln.

TIPP:
Für einen Schokoladendrink 1 entsteinte Dattel und 2 EL Backkakao mitpürieren.

Kondensmilch

Zutaten für ca. 900 ml

800 g Kokosmilch
120 g Zucker
½ TL Vanilleextrakt

1. Kokosmilch in einen Topf geben und bei mittlerer Hitze unter Rühren erwärmen, bis sie kocht. Dann Zucker hinzugeben und verrühren.
2. Die Hitze reduzieren und Kokosmilch 60–75 Minuten köcheln lassen, dabei alle 10–15 Minuten umrühren.
3. Die Mischung ist fertig ist, wenn sie dickflüssig ist und das Volumen sich auf die Hälfte reduziert hat.
4. Topf vom Herd nehmen und den Vanilleextrakt untermischen.
5. Die Kondensmilch in ein luftdicht verschließbares Glas umfüllen und 15–20 Minuten abkühlen lassen, dann 2 Stunden in den Kühlschrank stellen, bevor sie verwendet wird.

TIPP:
In einem luftdicht verschlossenen Behälter im Kühlschrank bis zu 7 Tage haltbar.

Schon gewusst?

Kondensmilch eignet sich zum Süßen von Tee oder anderen Heißgetränken oder um Smoothies zusätzlichen Geschmack und Süße zu verleihen.

Auch als Zutat für Kuchen, Kekse, Brownies und andere Backwaren, für Dessertsoßen und zur Eisherstellung wird sie gern verwendet.

Lemon Curd

Zutaten für ca. 550 g

160 ml Sojadrink
200 g Zucker
40 g Speisestärke
250 ml frisch gepresster Zitronensaft (ca. 2-3 Zitronen)
2 EL abgeriebene Zitronenschale
50 g vegane Butter

1. Sojadrink, Zucker und Speisestärke in einen Topf geben und mit dem Schneebesen glatt rühren. Zitronensaft und Zitronenschale hinzufügen und erneut verquirlen.
2. Mischung unter Rühren zum Kochen bringen, dann Hitze reduzieren und alles 12–15 Minuten unter Rühren köcheln lassen, bis die Masse eindickt.
3. Topf vom Herd nehmen und die vegane Butter einrühren, dann Masse auf Zimmertemperatur abkühlen lassen.
4. Lemon Curd in ein luftdicht verschließbares Glas geben und bis zur Verwendung in den Kühlschrank stellen.

Schon gewusst?

Lemon Curd ist eine köstliche Zitronencreme, die sich vielseitig in der Küche einsetzen lässt. Es eignet sich hervorragend als Brotaufstrich, für Scones oder Pancakes und begeistert durch einen frischen, zitronigen Geschmack. Hier noch mehr Ideen zur Verwendung:

Füllung für Kuchen

Lemon Curd als Füllung für Kuchen passt besonders gut zu Biskuitkuchen, Torten oder Cupcakes. Entweder zwischen den Teigschichten verteilen oder eine Vertiefung in den Kuchen machen und das Lemon Curd hineingeben.

Topping für Desserts

Desserts wie Eiscreme, Pudding, Joghurt oder Panna Cotta erhalten durch ein Topping mit Lemon Curd eine erfrischende Note.

Kuchenüberzug

Lemon Curd gleichmäßig auf der Oberfläche des Kuchens verteilen und fest werden lassen. Eventuell mit Zuckerguss oder Sahneersatz kombinieren.

Gebäckfüllung

In Blätterteigtaschen oder Muffins sorgt Lemon Curdfür eine saftige, aromatische Füllung und kann mit anderen Zutaten wie Früchten oder Nüssen kombiniert werden.

Backzutat

Lemon Curd als Zutat für Keks-, Muffin- oder Kuchenteig, intensiviert den Geschmack und sorgt für eine saftige Textur.

Dessertsoße

Lemon Curd leicht erwärmen und als Soße für Desserts wie Cheesecake, Brownies oder Fruchtsalat verwenden, um eine fruchtige und cremige Note beizusteuern.

Salzkaramell

Zutaten für ca. 400 g

200 g Medjool-Datteln
200 ml Soja-, Hafer- oder Mandeldrink (siehe Seite 13)
½ TL Meersalz
1 TL Vanilleextrakt

1. Alle Datteln in eine mittelgroße Schüssel geben und mit kochendem Wasser bedecken. Die Datteln 30 Minuten einweichen lassen.
2. Sobald das Wasser ausreichend abgekühlt ist, die Kerne entfernen und die Datteln in einen Hochleistungsmixer geben. Pflanzendrink, Meersalz und Vanille hinzugeben und alles zu einer glatten, cremigen Masse mixen. Je nach Qualität des Mixers kann es bis zu 10 Minuten dauern, bis die perfekte Konsistenz erreicht ist.

TIPP:

Karamell in einen luftdicht verschließbaren Behälter füllen und bis zu 2 Wochen im Kühlschrank aufbewahren.

Schon gewusst?

Salzkaramell aus Datteln ist eine gesündere Alternative zu herkömmlichem Karamell, da es ohne raffinierten Zucker hergestellt wird. Hier sind einige Verwendungsmöglichkeiten:

Topping für Desserts

Desserts wie Eiscreme, Joghurt, Pudding oder Kuchen erhalten durch ein Topping aus Salzkaramell einen köstlichen, karamellartigen Geschmack.

Dip für Obst

Frisches Obst wie Äpfel, Birnen oder Bananen klein schneiden und Salzkaramell als Dip dazu reichen. Das Zusammenspiel von süßem Karamell und fruchtiger Frische ist eine leckere Kombination.

Aufstrich für Brot und Gebäck

Köstlich als Brotaufstrich oder Belag für Brötchen, Croissants oder Pfannkuchen.

Backzutat

Für eine zusätzliche Karamellnote Brownie-, Keks- oder Muffinteig etwas Salzkaramell zufügen.

Getränke

Kakao, Smoothies oder Milkshakes verleiht Salzkaramell eine süße, karamellige Note.

Snack

Köstlich pur als Snack. In kleinen Gläschen oder Behältern aufbewahren und bei Bedarf naschen.

Mayonnaise

Zutaten für ca. 250 ml

1 TL mittelscharfer Senf
1 EL Zitronensaft
125 ml ungesüßter Sojadrink, Zimmertemperatur
125 ml Rapsöl
Salz, Pfeffer

1. Senf, Zitronensaft und Sojadrink in einem Mixer 2 Minuten aufschlagen.
2. Dann langsam das Öl unter weiterem Rühren zugießen, bis die Masse dicklich wird.
3. Mit Salz und Pfeffer abschmecken.

Schon gewusst?

Mayonnaise ist in vielen Zusammenhängen sehr beliebt, hier einige Beispiele:

Sandwiches und Burger

Vegane Mayonnaise als Aufstrich für Sandwichbrote oder als Soße für Burger verwenden.

Salate

Mayonnaise ist eine gute Basis für Salatdressings. Gewürze und Kräuter nach Geschmack zugeben.

Dip

Mayonnaise lässt sich mit Gewürzen, Kräutern, Knoblauch oder Zitronensaft zu Dips mit verschiedenen Geschmacksrichtungen weiterverarbeiten. Dazu frische Gemüsesticks wie Karotten-, Sellerie- oder Paprikastreifen reichen.

Pommes frites

Neben Ketchup ist Mayonnaise ein beliebter Begleiter für Pommes frites.

Kartoffelsalat

Als Basis für ein leckeres Dressing zu Kartoffelsalat.

Wraps und Rollen

Vegane Mayonnaise in Wraps oder Rollen bringt zusätzlichen Geschmack und mehr Cremigkeit.

Soßen und Aufstriche

Aus veganer Mayonnaise lassen sich verschiedene Soßen und Aufstriche zaubern, zum Beispiel Remoulade oder Aioli.

Vegane Eiersalate

Gehackter Tofu, Gewürze und Gemüse vermischt mit Mayonnaise ergeben einen tollen veganen Eiersalat.

Backen

In einigen Rezepten kann vegane Mayonnaise als Ei-Ersatz verwendet werden, um Feuchtigkeit und Geschmeidigkeit zu erhalten.

Remoulade

Zutaten für ca. 220 ml

2 kleine Gewürzgurken
½ EL mittelscharfer Senf
1 EL Zitronensaft
100 ml Sojadrink
2 TL Gurkenwasser aus dem Glas
120 ml Sonnenblumenöl
je 3 EL gehackte Petersilie, Dill, Kerbel und Schnittlauch
Salz, Pfeffer
1 Prise Kala Namak

1. Gewürzgurken klein hacken.
2. Senf, Zitronensaft, Sojadrink und Gurkenwasser in ein hohes Rührgefäß geben und mit einem Pürierstab mixen. Während des Mixens langsam das Öl zugeben, dann weiter mixen, bis die Masse eindickt.
3. Kräuter unterrühren und Remoulade mit Salz, Pfeffer und Kala Namak würzen.
4. Zum Schluss die Gurken unterheben.

Schon gewusst?

Frisch gemachte Remoulade ist einfach großartig. Ich mag sie am liebsten mit etwas Ei-Geschmack. Hier sind einige Möglichkeiten, wie man Remoulade verwenden kann:

Sandwiches

Als Aufstrich für Sandwichbrote verleiht sie dem Sandwich eine cremige Textur und einen würzigen Geschmack.

Pommes frites und Burger

Remoulade ist lecker als Dip für Pommes frites oder als Burger-Soße.

Salate

Remoulade als Dressing passt gut zu Kartoffelsalat, Krautsalat oder gemischten grünen Salat. Sie verleiht den Salaten eine cremige Konsistenz und einen würzigen Geschmack.

Vegane Vanillesoße mit Mandeldrink

Zutaten für 500 ml

3 EL Maismehl oder Speisestärke
500 ml ungesüßter Mandeldrink (siehe Seite 13)
1 Vanilleschote
80 g Zucker
1 Prise Salz

1. Das Maismehl oder die Speisestärke in einer kleinen Schüssel mit etwas Mandeldrink glatt rühren, bis keine Klumpen mehr vorhanden sind.
2. Die Vanilleschote längs aufschneiden und das Mark herauskratzen.
3. Den restlichen Mandeldrink in einem Topf erhitzen, die Vanilleschote und das Mark hinzufügen und langsam zum Kochen bringen. Dann die Hitze reduzieren und die Mischung ca. 10 Minuten ziehen lassen.
4. Zucker, Salz und die angerührte Maismehl- oder Speisestärke-Mischung zur Milch geben und gut umrühren.
5. Die Soße bei mittlerer Hitze unter ständigem Rühren köcheln lassen, bis sie eindickt und eine cremige Konsistenz erreicht.
6. Die Vanillesoße vom Herd nehmen und abkühlen lassen. Dabei wird sie noch etwas fester.
7. Vor dem Servieren die Vanilleschote entfernen.

TIPP:

Etwas gemahlene Kurkuma färbt die Vanillesoße schön gelb. Meist reicht ¼ TL schon aus.

Schon gewusst?

Vanillesoße ist ein wunderbarer Begleiter für viele Köstlichkeiten, hier sind einige Ideen:

Zu Obst

Kombiniert mit einem frischen Obstsalat verleiht die Vanillesoße dem Obst eine süße und cremige Note und macht den Salat zu einem köstlichen Dessert.

Topping

Vanillesoße ist ein köstliches Topping für frisch zubereitete Pfannkuchen und Waffeln. Vegane Crêpes mit frischen Früchten füllen und Vanillesoße darübergießen.

Zu Eis

Mit Vanillesoße lassen sich aus veganem Eis köstliche Eisbecher zaubern. Weitere Toppings wie Schokoladensoße, gehackte Nüsse oder frisches Obst hinzufügen, um das Ganze noch leckerer zu machen.